Fußreflexzonenmassage

Hinweis: Die im vorliegenden Buch beschriebenen Techniken und Anwendungen wurden von Fachleuten geprüft und für geeignet befunden. Alle Anleitungen richten sich an seelisch und körperlich gesunde Menschen. Wenn Sie sich in ärztlicher Behandlung befinden oder sich krank fühlen, klären Sie bitte mit Ihrem Arzt, ob das dargestellte Verfahren oder die gezeigten Techniken oder Anwendungen für Sie geeignet sind. Nicht jeder Mensch ist gleich. Treten bei einer oder mehreren Anwendungen Beschwerden oder Schmerzen auf, lassen Sie diese Anwendungen weg. Für eventuelle Nachteile oder Schäden, die im Zusammenhang mit der Verwendung der im Buch gegebenen Hinweise entstehen, können weder Autoren noch Verlag Haftung übernehmen.

Gesamtherstellung: Könemann Verlagsgesellschaft mbH
Herausgeber: KVM Dr. Kolster und Co. Produktions- und Verlags-GmbH, Marburg
Layout: LOGO
Fotos: Lutz Pape
Grafiken: Ulrike Petersen, Gabriela Bauer (S. 7; 8; 11; 53)
Satz: Prinz & Partner
Lektorat: Dr. Sabine Klapp
Druck: Sing Cheong Printing Co., Ltd.

Printed in Hong Kong, China

ISBN 3-8290-0984-4

Fußreflexzonenmassage

Vorbeugen, Entspannen, Harmonisieren

Wohlbefinden steigern
Lebensenergie harmonisieren
Selbst- und Partnermassage

KVM

Video-Inhaltsübersicht

Inhaltsverzeichnis

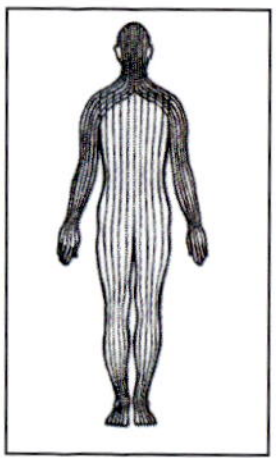

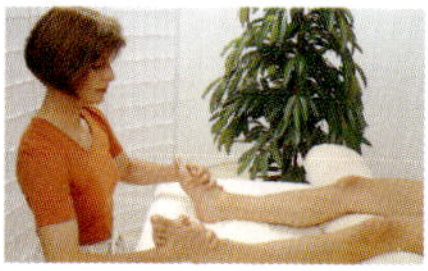

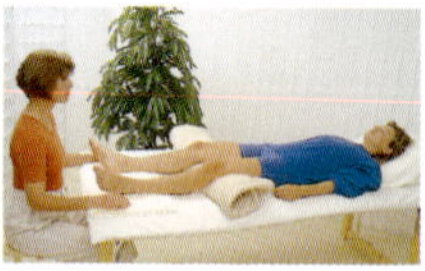

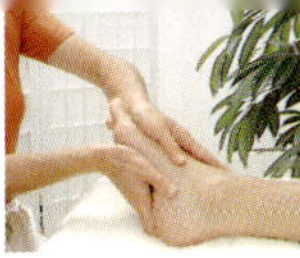

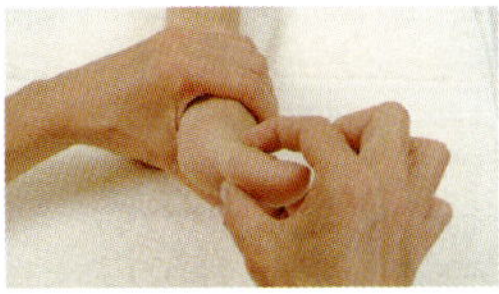

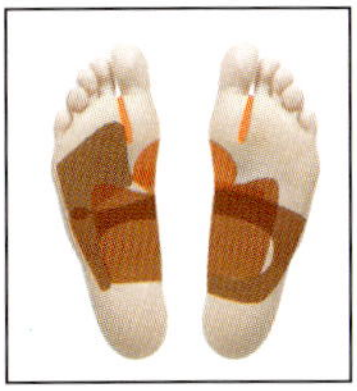

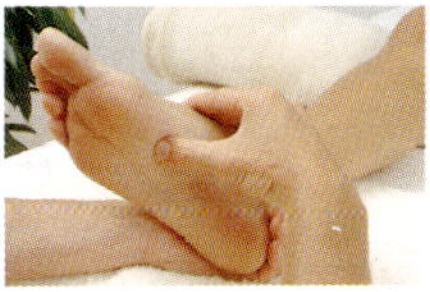

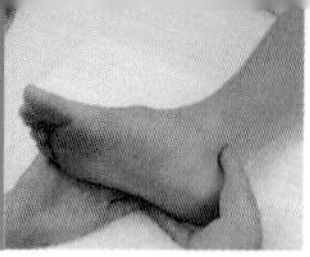

Vorwort

Reflexzonenmassage – eine Wohltat

Alternative Therapieverfahren zur Behandlung von Krankheiten und zur Linderung von Beschwerden und chronischen Leiden erleben einen großen Zulauf. In diesem Zusammenhang wird auch der Fußreflexzonenmassage von immer mehr Menschen Vertrauen geschenkt.
Die moderne westliche Medizin scheint sich von den Bedürfnissen vieler Patienten zu entfernen und ein Gefühl des Unbehagens auszulösen. Die dem Laien unverständliche medizinische Fachsprache, aufwendige Technik und die Vielzahl der Medikamente mit möglichen Nebenwirkungen verunsichern viele Menschen. Sosehr die Präsenz der modernen Medizin vor allem in den Bereichen der Akut- und Notfallmedizin unerläßlich und beruhigend ist, sosehr fehlt doch häufig die persönliche Zuwendung eines Arztes oder Therapeuten, der sein Gegenüber als ganzen Menschen wahrnimmt. Bei alternativen Heilmethoden hingegen, und hier im besonderen bei den Massagen, wird der persönlichen Beziehung zwischen Therapeut und Patient eine große Bedeutung zugemessen: Der Patient kann sich tatsächlich be-hand-elt fühlen, er spürt direkt und wohltuend die Hände des Therapeuten.
Dieser Buch-Video-Beitrag möchte Ihnen die Fußreflexzonenmassage auf eine Art und Weise nahebringen, die jedem einleuchtend und verständlich ist. Nach dem Studium von Buch und Video werden Sie jedoch kein Fußreflexzonentherapeut sein, der diverse Krankheiten behandeln kann. Um die Reflexzonenmassage als Heilbehandlung einsetzen zu können, bedarf es einer fundierten Ausbildung und viel praktischer Erfahrung. Denken Sie daran, daß die Behandlung von Erkrankungen nicht durch das Lesen eines Buchs erlernt werden kann. Aus diesem Grund werden bei der Beschreibung der Massagen keine Krankheiten (Indikationen) angegeben, bei deren Behandlung die Fußreflexzonenmassage in therapeutischer Absicht eingesetzt wird.

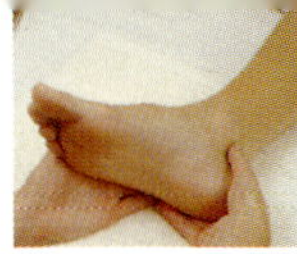

Indem Sie die Grundzüge dieser Massageform verstehen und anwenden lernen, können Sie die Fußreflexzonenmassage jedoch vorsorgend zur Unterstützung Ihres Wohlbefindens und Ihrer Gesundheit nutzen. Dazu lernen Sie neben den wichtigsten theoretischen Grundlagen einfache Griffe, mit denen Sie den Körper wohltuend entspannen können. Darüber hinaus werden Anwendungsbeispiele vorgestellt, mit deren Hilfe Sie Ihr Wohlbefinden positiv beeinflussen können. Das Buch soll Sie ermutigen, etwas Wohltuendes für sich und Ihren Partner oder Ihre Partnerin zu tun.

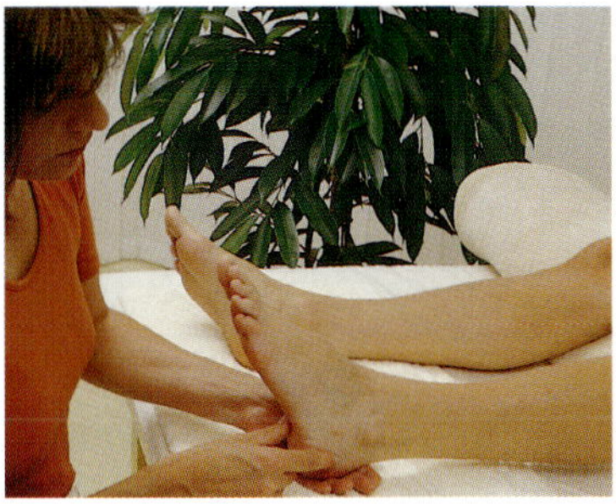

Dr. med. Bernard C. Kolster

Wie Sie Buch und Video zusammen nutzen:
Buch und Video sind inhaltlich genau aufeinander abgestimmt. Sie können den größten Nutzen daraus ziehen, wenn Sie sie zusammen nutzen. Am besten, Sie lesen sich zuerst in die Grundlagen der Fußreflexzonenmassage ein, die im ersten Abschnitt des Buches unter „Wissen" beschrieben sind. Anschließend können Sie sich in Ruhe das Video anschauen. Dann haben Sie schon eine gute bildliche Vorstellung von den Anwendungen, die im zweiten Abschnitt „Praxis" erläutert werden. Wenn Sie beim Lesen des Praxisteils das Gefühl haben, Sie müßten sich einen etwas schwierigeren Griff noch einmal auf dem Video anschauen, helfen Ihnen die Kamerasymbole bei den einzelnen Abschnitten. Neben den Symbolen ist die fortlaufende Zeit des Videofilms in Minuten angegeben. Mit Hilfe Ihres Zählwerks am Videorecorder können Sie damit die entsprechende Videosequenz problemlos finden. Stellen Sie einfach beim Einlegen der an den Anfang gespulten Kassette den Zählerstand auf Null (Anzeige in Minuten), und spulen Sie die Kassette zu dem Stand, der neben dem Kamerasymbol angegeben ist.

Kamerasymbol

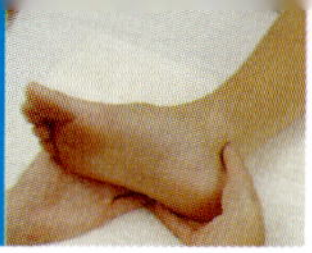

Wissen: Fußreflexzonen und ihre Massage

Reflexzonentherapie – altes Wissen neu entdeckt

Über Reflexzonen lassen sich bestimmte Körperstellen beeinflussen

Die Reflexzonentherapie beruht auf einer sehr alten Erkenntnis: Es gibt auf dem Körper Zonen, über die sich andere Körperstellen oder Organe beeinflussen lassen. Berührt man eine solche „Reflexzone", reizt man damit die Körperstelle oder das Organ, das mit dieser Zone in Verbindung steht. Betrachtet man die Lage und Anordnung der Reflexzonen, kann man feststellen, daß sich der gesamte menschliche Körper auf bestimmten Körperteilen abbildet.
An einem Beispiel aus der Akupunktur, einer sehr alten Form der Reflexzonentherapie, läßt sich das veranschaulichen: Wenn Sie eine menschliche Ohrmuschel genau betrachten, können Sie in den Konturen mit etwas Phantasie einen auf den Kopf gestellten Embryo erkennen. Das Ohrläppchen entspricht auf dieser Abbildung dem Kopfbereich. Deutlich erkennbar sind auch die Reflexzonen der Arme, der Beine und des Verdauungskanals. Diese Abbildung des Embryo-Körpers auf der Ohrmuschel wird für die Ohrakupunktur genutzt. Will der Therapeut bespielsweise eine Störung im Magen-Darm-Bereich behandeln, sucht er in der auf dem Ohr abgebildeten Magen-Darm-Zone einen oder mehrere empfindliche Punkte, in die er mit einer feinen Akupunkturnadel vorsichtig hineinsticht. Mit dieser Nadelung beeinflußt oder heilt er das entsprechende Organ oder Körperteil. Erste Hinweise einer Heilbehandlung über die Reflexzonen am Ohr gehen auf chinesische Quellen des ersten Jahrhunderts v. Chr. zurück.

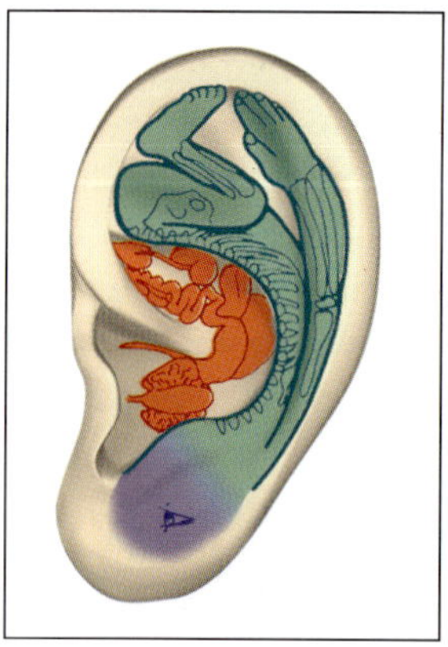

Die Ohrmuschel ähnelt einem auf den Kopf gestellten Embryo

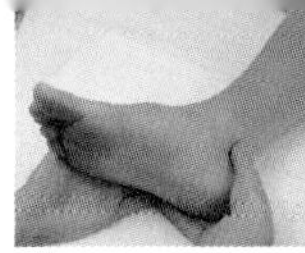

Es ist erstaunlich, daß Körperbereiche auf diese Weise von weit entfernt liegenden Reflexzonen beeinflußt werden und umgekehrt. Auch die Wissenschaft ist noch nicht in der Lage, diese phänomenale Wirkung zu erklären. Eins ist jedoch sicher: Es funktioniert. Diese Tatsache können Millionen Patienten auf dieser Welt bestätigen, die z.B. mit der Ohrakupunktur behandelt wurden. Das Ohr ist allerdings nur ein Beispiel für eine Reflexzone. Mittlerweile sind zahlreiche Reflexzonen, also Zonen, über die andere Körperstellen beeinflußt werden können, beschrieben.

Auch auf den Füßen liegen Reflexzonen

Vor etwa 80 Jahren wurde entdeckt, daß auch auf den Füßen Reflexzonen des menschlichen Körpers und seiner Organe liegen. Genau wie über das Ohr lassen sich über diese Zonen am Fuß andere Körperbereiche beeinflussen.

Das Zonenmodell

1917 veröffentlichte der amerikanische Hals-Nasen-Ohren-Arzt Dr. William Fitzgerald (1872 – 1942) seine Erkenntnisse über das von ihm entdeckte und benannte „Zonenmodell" des Menschen. Nach diesem Modell läßt sich der menschliche Körper in zehn Längszonen einteilen. Diese Zonen laufen senkrecht durch den gesamten Körper und bilden die theoretische Grundlage für die von Fitzgerald entwickelte „Zonentherapie".

Die Längszonen

Die Zonen verlaufen nicht nur auf der Körperoberfläche, wie es in der Abbildung zu sehen ist, sondern sie gehen durch den ganzen Körper hindurch. Zur Veranschaulichung können Sie sich die Zonen als zehn Scheiben vorstellen, die sich durch den Körper ziehen und von den eingezeichneten Linien begrenzt werden. Jede Scheibe oder Zone erstreckt sich vom Kopf bis in die Füße.

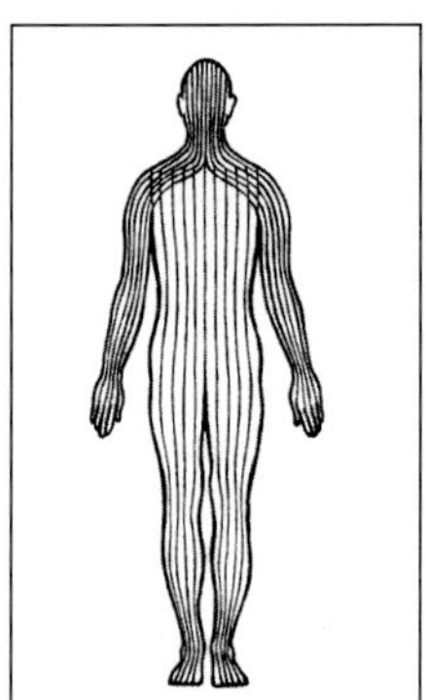

Die Längszonen des Körpers nach Fitzgerald

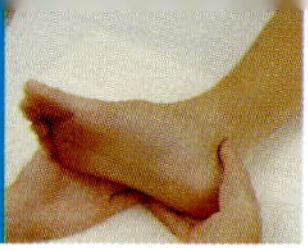

Die Füße als Abbild des Körpers

Fitzgerald und seine Schülerinnen und Schüler fanden nun heraus, daß sich gerade auf den Längszonen der Füße gut behandelbare Reflexzonen derjenigen Organe befinden, die in der gleichen Längszone des Körpers liegen. Die Wirbelsäule liegt z.B. in den ersten beiden Längszonen auf der Mittellinie des Körpers. Verfolgen Sie diese Zonen nun an den Innenseiten der Beine hinab bis zu den Füßen. Sie erkennen, daß sie an den Innenseiten der beiden Füße entlanglaufen. Die Fußreflexzonen für die Wirbelsäule befinden sich dementsprechend an den Fußinnenseiten. Die Kopfzonen befinden sich verteilt auf den einzelnen Zehen;

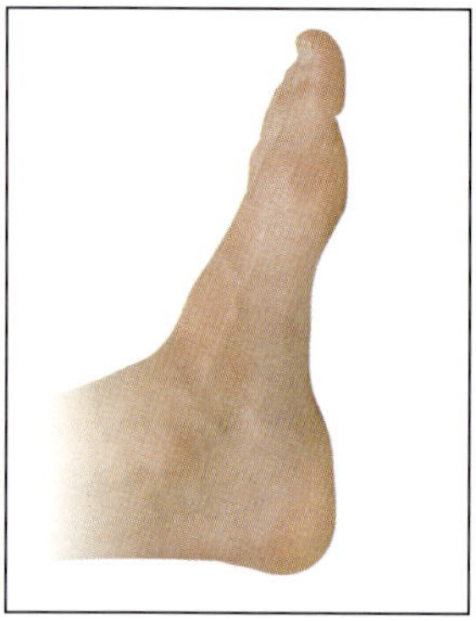

Am Fuß kann man das Profil eines sitzenden Menschen erkennen

die Zonen für den Schultergürtel ziehen sich quer über den gesamten Fußballen, so wie sich der Schultergürtel quer über die Längszonen des Körpers zieht. Auf diese Weise läßt sich der gesamte Körper auf den Füßen abbilden, vergleichbar dem Embryo auf dem Ohr.

Wie beim Ohr können auch bei genauerer Betrachtung des Fußes Ähnlichkeiten mit der menschlichen Körpersilhouette festgestellt werden. Schauen Sie sich die Abbildung eines aufrecht gestellten Fußes von der Innenseite an. Vom Profil her ähnelt er einem sitzenden Menschen: Der große Zeh stellt den Kopf dar, die geschwungene Form der Fußsohle entspricht der S-Form der menschlichen Wirbelsäule, die Ferse dem Gesäß.

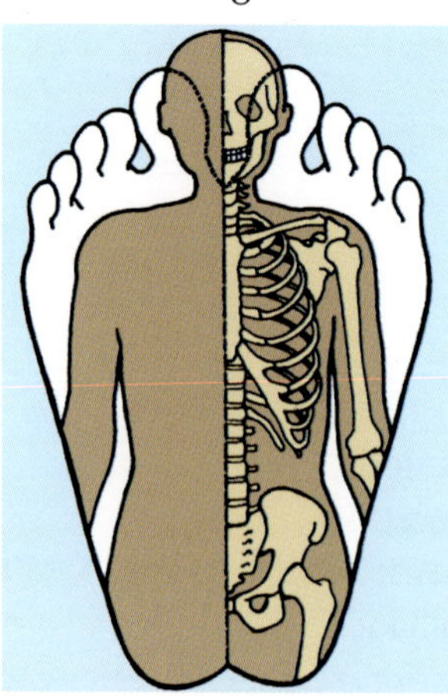

Die Abbildung des Körpers auf dem Fuß

In ähnlicher Weise läßt sich der Körper in sitzender Position auf den Fußsohlen abbilden. Stellt man beide Füße nebeneinander und nimmt die Nahtstelle der beiden, die

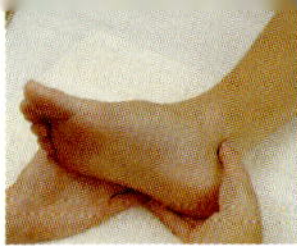

Fußinnenseiten, als Abbildung der Wirbelsäule, so kann man eine Ansicht des menschlichen Oberkörpers auf den Fußsohlen wiederfinden. Analog zu dem Bild des seitlich aufgestellten Fußes bilden die großen Zehen den Kopf ab, die Fußballen stellen den Bereich des Nackens, der Schultern und des Oberkörpers und die Fußinnenseiten die Wirbelsäule dar. Die weiche Stelle des Fußes in der Mitte beherbergt hier die Zone der inneren Organe.

Die Betrachtungsweise des Fußes als Abbild des gesamten menschlichen Körpers entspricht genau dem Zonenmodell von Dr. Fitzgerald. Erst das Zonenmodell öffnete den Blick für die Ähnlichkeiten im Bild des Fußes mit dem des Körpers.

Die Zonen bilden sich auf dem ganzen Fuß ab

Die meisten Zonen, die sich auf der Fußsohle finden, bilden sich auch auf dem Fußrücken ab. Die Dreidimensionalität des Körpers mit seinen übereinandergelagerten Organen, Muskeln, Knochen und Gewebsschichten spiegelt sich somit auch in der Dreidimensionalität des Fußes wieder. Bedenken Sie, was eingangs bereits erwähnt wurde, daß die Zonen durch den Körper „hindurchgehen" und nicht auf die Oberfläche beschränkt bleiben.

Die Querzonen

Auf dem Zonenmodell lassen sich zur verbesserten Orientierung neben den Längszonen drei Querzonen abgrenzen: In der obersten Querzone liegt der Kopf- und Halsbereich, in der zweiten Brustraum und Oberbauch und in der dritten Bauch- und Beckenraum. Diese Querzonen erleichtern auch das Auffinden der Reflexzonen auf den Füßen: Zonen für den Kopf- und Halsbereich befinden sich demnach im Bereich der Zehen, die Organe des Brustraums und Oberbauchs am Mittelfuß und die des Bauch- und Beckenraums im Bereich des Knöchels und der Ferse.

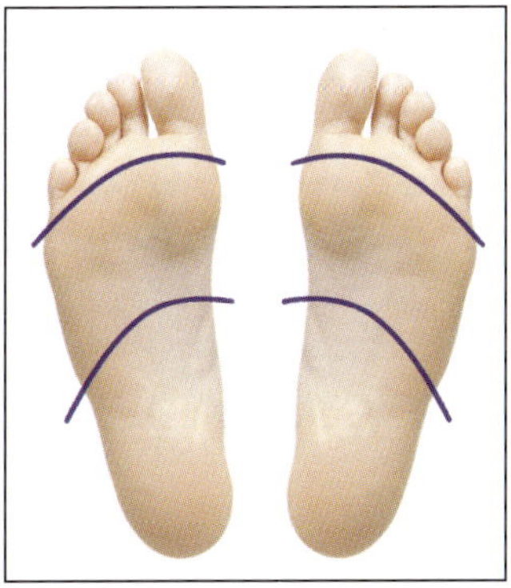

Die Querzonen der Füße

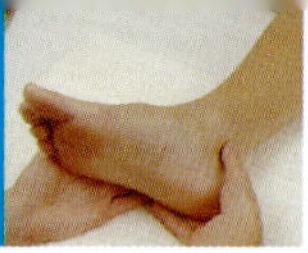

Die Weiterentwicklung zur Fußreflexzonenmassage

William Fitzgerald fand zunächst heraus, daß es Zusammenhänge zwischen den unterschiedlichen Körperteilen und ihren verkleinerten Abbildungen auf anderen Körperteilen wie den Füßen gibt.

Er stützte sich dabei vermutlich auf Überlieferungen der indianischen Volksmedizin und auf die uralten fernöstlichen Heilmethoden der Akupunktur und Akupressur. Während Fitzgerald erst damit begann, seine „Zonentherapie" auszuprobieren und anzuwenden, stellte seine Schülerin, die amerikanische Masseurin Eunice Ingham, fest, daß sich gerade die Füße aufgrund ihrer Reizempfindlichkeit besonders gut für die Durchführung der Reflexzonentherapie eignen. Unter Berücksichtigung von Fitzgeralds Zonentheorie massierte sie vielen Menschen die Reflexzonen der Füße und schrieb ihre Erfahrungen detailliert auf. In jahrelanger Arbeit stellte sie so ein sehr genaues Modell der Reflexzonen an den Füßen auf. Bereits 1938 veröffentlichte sie ihre Erkenntnisse unter dem bezeichnenden Titel „Geschichten, die die Füße erzählen".

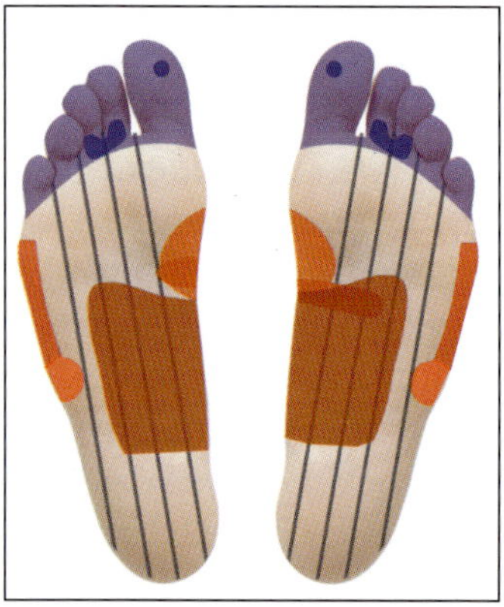

Die Reflexzonen leiten sich aus den Längszonen ab

Die deutsche Masseurin und Krankenschwester Hanne Marquardt hat die Erkenntnisse von Eunice Ingham aufgenommen und weiterentwickelt und damit gleichzeitig die Fußreflexzonenmassage in Deutschland eingeführt.

Füße – die stummen Diener

Bei der Darstellung des faszinierenden Modells der Reflexzonen an den Füßen bedürfen nicht nur die Reflexzonen der Erklärung. Auch die Füße selbst sind einer Betrachtung wert.

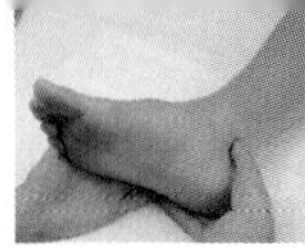

Unsere Füße sind Schwerarbeiter und Lastenträger im wahrsten Sinne des Wortes. Manchmal, besonders im Sommer, wenn es heiß ist, oder wenn Sie lange stehen, spüren Sie Ihre Füße. Sie drücken, fühlen sich geschwollen an oder schmerzen. Meistens aber verrichten sie stumm und treu ihren Dienst.

Die Anatomie der Füße muß darauf angelegt sein, ein ganzes Leben lang einen Menschen durch die Welt zu tragen. Die relativ kleine Fußoberfläche trägt dabei das relativ große Körpergewicht – tagaus, tagein. Der Fuß muß dazu stabil und robust gebaut sein.

Die Füße sind robust und empfindlich zugleich

Gleichzeitig aber sind die Füße sehr empfindlich für Reize. Werden wir an der Fußsohle leicht berührt, kitzelt es; festere, sanfte Berührungen empfinden wir als Wohltat, und wer schon einmal eine Fußmassage genossen hat, wird wissen, welch ein entspanntes Gefühl sich nicht nur in den Füßen selbst, sondern im ganzen Körper ausbreitet.

Schließlich sind die Füße in ihrem filigranen Aufbau mit dafür verantwortlich, daß wir das Gleichgewicht halten und uns in der aufrechten Haltung geschickt bewegen können. Sie haben es nicht verdient, bloße Lastenträger zu sein.

Der Fuß unterteilt sich anatomisch in drei Bereiche: Der Vorfuß umfaßt die Zehen bis zum Fußballen, der Mittelfuß, dem Namen entsprechend, den leicht gewölbten Mittelteil, und der Rückfuß entspricht dem Fersenbereich. Die drei anatomischen Bereiche des Fußes entsprechen ungefähr den Querzonen des Zonenmodells (siehe S. 9). Blickt man durch die Haut, erkennt man ein kompliziertes knöchernes

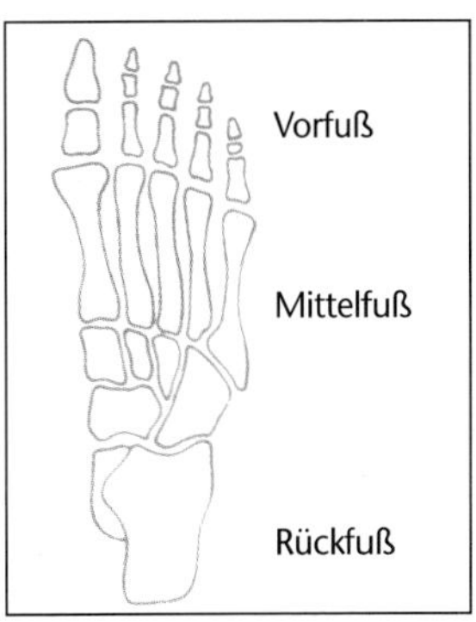

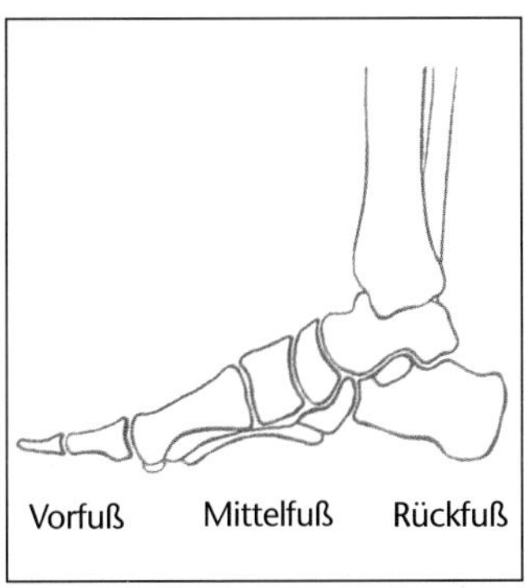

26 verschiedene Knochen bilden ein kompliziertes Stützwerk

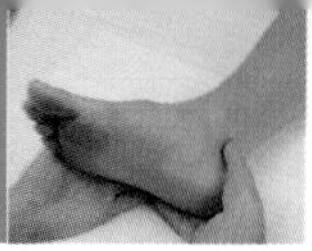

Stützwerk. Jeder Fuß besteht aus immerhin 26 einzelnen Knochen, die durch ein Geflecht von Sehnen und kleinen Muskeln zusammengehalten werden. Die Füße bilden also schon in sich einen kleinen Mikrokosmos. Mit ihrer feinen Anatomie und ihrer Sensibilität sind sie daher wie geschaffen für eine entspannende Reflexzonenmassage. Warum und wie die Reflexzonenmassage wirkt, läßt sich allerdings mit Hilfe der Anatomie nicht erklären.

Die Füße sind wie geschaffen für eine entspannende Massage

Wie wirkt die Reflexzonenmassage?

Die Frage, wie und warum die Reflexzonen des Fußes mit den von ihnen beeinflußten Körperzonen zusammenhängen, konnte bisher nicht geklärt werden. Das Wort „Reflex" ist irreführend, denn mit Reflex wird medizinisch die durch einen Nerv vermittelte Reaktion des Körpers auf einen Reiz bezeichnet. Relativ bekannt ist z.B. der Kniescheibensehnenreflex: Ein leichter Schlag auf die Sehne unterhalb der Kniescheibe führt zu einer blitzschnellen Anspannung des großen Beinstreckmuskels, wodurch der Unterschenkel aus der Beugung nach oben schnellt. Dieser echte Reflex wird über einen bestimmten Nerv übertragen. Mit dieser Form der Reizübertragung hat die Fußreflexzonenmassage aber nichts zu tun. Ihre Wirkung kann nicht durch Nerven vermittelt werden, da die Reflexzonen nicht direkt durch Nerven mit den entsprechenden Organen verbunden sind.
Es gibt daher bis heute noch keine wissenschaftliche Erklärung für die Wirkungsweise der Reflexzonentherapie. Man weiß nur, daß sie funktioniert.

Die Reflexzonenmassage wirkt nicht über das Nervensystem

Energiebahnen – eine mögliche Erklärung?

Eine mögliche Erklärung für die Wirkung der Reflexzonenmassage könnte in der weitgehenden Übereinstimmung ihrer Grundprinzipien mit der Akupunktur, der wohl erfolgreichsten fernöstlichen Reflexzonentherapie, liegen. Diese Methode beruht ebenso wie die japanische Shiatsu-Massa-

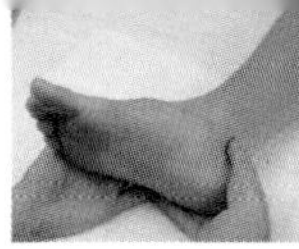

ge und andere fernöstliche Heilmethoden auf der Vorstellung, daß unser Körper von „Energiebahnen“ durchzogen wird, durch die unsere „Lebensenergie“ fließt. Die Energiebahnen, genannt Meridiane, verlaufen wie die Zonen des Zonenmodells senkrecht durch den Körper und verbinden so verschiedene Körperteile miteinander. Bei einem rundum gesunden Menschen fließt die Lebensenergie gleichmäßig in ihren Bahnen durch den gesamten Organismus. Schmerzen oder Erkrankungen in Organen oder Körperteilen verursachen dagegen Störungen im Energiefluß. Diese können sich an Reflexzonen zeigen, d.h. an bestimmten Punkten, die auf den gleichen Energiebahnen liegen.

Die Lebensenergie fließt in Bahnen durch den Körper

Erfahrene Akupunkteure und Shiatsu-Therapeuten stellen bei einer Organerkrankung schmerzende Verspannungen in der entsprechenden Reflexzone fest. Mit ihrer Therapie bringen sie die Energie wieder in ihren gleichmäßigen Fluß zurück, beheben das Ungleichgewicht und somit die zugrundeliegende Störung. Ist das energetische Gleichgewicht wiederhergestellt, gesundet auch der entsprechende Körperbereich.

Das energetische Gleichgewicht wiederherstellen

Früher versuchte man, die Wirkung der Fußreflexzonenmassage damit zu erklären, daß sich bei Erkrankungen „Ablagerungen“ in den entsprechenden Fußreflexzonen bilden. Die Ablagerungen sollten mit den Massagegriffen praktisch “zerrieben“ werden, was dann zur Genesung führen sollte. Diese Ansicht ist heute aber nicht mehr haltbar. Eher geht man von Verspannungen aus, die durch energetische Störungen verursacht werden. Betrachten Sie also die Fußreflexzonenmassage als energetische Behandlungsform.

Mit sanften Griffen das Gleichgewicht im Körper wiederherstellen

Um die Wirkungsweise der Reflexzonenmassage am Fuß verstehen zu lernen, ist es wichtig, auch die Ursachen von Erkrankungen und Befindlichkeitsstörungen näher zu betrachten.

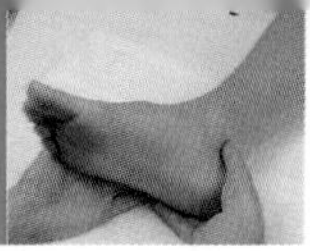

Viele Erkrankungen oder Funktionsstörungen im Körper werden durch „Streß" verursacht. Streß bedeutet dabei im biologischen Sinn erst einmal nur, daß der Organismus durch einen (physischen oder psychischen) Streßauslöser in seiner normalen Funktionsweise gestört und beeinträchtigt wird.

Häufig läßt Streß sich auf ungünstige Lebensgewohnheiten und -umstände zurückführen. Seien es ungesunde Eßgewohnheiten, erhöhter Konsum von Alkohol, Zigaretten oder Drogen, zuwenig Schlaf, Leistungsdruck, Überanstrengung oder psychische Probleme; diese Umstände haben etwas gemeinsam: Sie „stressen" den Körper. Auch wenn der Organismus von Natur aus in der Lage ist, sich bis zu einem gewissen Grad selbst zu regenerieren, also mit den Folgen der ungesunden Belastung fertig zu werden, kann die Balance ab einem bestimmten Punkt so gestört sein, daß die körpereigenen Ausgleichsmöglichkeiten nicht mehr ausreichen.

Streß macht krank

Dauerhafter Streß bewirkt demnach, daß dem Körper die Möglichkeit entzogen wird, sich von den schädigenden körperlichen und psychischen Reizen angemessen zu erholen. Als Folge können Befindlichkeitsstörungen wie Schlaflosigkeit oder chronische Muskelverspannungen auftreten. Häufiger als viele Menschen es vermuten, ist Streß auch verantwortlich für sexuelle Probleme und Störungen in zwischenmenschlichen Beziehungen. Darüber hinaus ist es anerkannte Lehrmeinung der Schulmedizin, daß ein langfristig einwirkendes Übermaß an psychischem Streß zu Erkrankungen wie Bluthochdruck, Arteriosklerose und Herzinfarkt führen kann.

Fußreflexzonenmassage entspannt

Mit Hilfe der richtig angewendeten Fußreflexzonenmassage kann es gelingen, den belastenden Folgen von Streß in Maßen entgegenzuwirken. Über die Reflexzonen des Fußes bewirkt die Massage eine Entspannung in den beeinträchtigten oder durch Streß betroffenen Körperbereichen und regt dadurch die Durchblutung an, die das körperliche Gleichgewicht wiederherstellt.

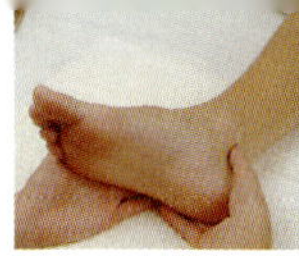

Hierin liegen Nutzen und Wirkung dieser Massageform für Sie: Zu entspannen und ein gesundes Gleichgewicht in Ihrem Körper herzustellen, um Ihr Wohlbefinden zu steigern und somit Erkrankungen vorzubeugen.

Grenzen der Reflexzonenmassage

Die hier gezeigte Massage ist lediglich als Einstieg in die Reflexzonenbehandlung gedacht. Sie dient vornehmlich der Entspannung, Harmonisierung und Belebung des Körpers. Um die darüber hinausgehenden, vielfältigen Möglichkeiten der Reflexzonenbehandlung als Heilmassage voll auszuschöpfen, also gezielt auf Beschwerden, Schmerzen und Krankheiten einwirken zu können, ist es unerläßlich, sich darin von erfahrenen Therapeuten oder Therapeutinnen unterrichten zu lassen.

Hinweis:
Vielleicht werden Sie von der wohltuenden Wirkung einer Fußreflexzonenmassage so überzeugt sein, daß Sie auch auf ihre heilende Wirkung bei Beschwerden vertrauen wollen. Suchen Sie dafür bitte einen erfahrenen und ausgebildeten Therapeuten auf. Versuchen Sie keinesfalls, mit dem hier erworbenen Wissen Diagnosen zu erstellen oder Behandlungen an sich oder anderen durchzuführen. Dies kann zu Verschleppungen von Erkrankungen führen und mehr Schaden anrichten, als es Nutzen bringt.

Bei Beschwerden erfahrene Therapeuten aufsuchen

Auch die geschulten Therapeuten und Therapeutinnen der Fußreflexzonenmassage zielen auf die Wiederherstellung der energetischen Balance im Körper. Diese Wirkung kann jedoch nicht mehr erzielt werden, wenn Körpergewebe schon zerstört ist. In diesem Fall kann die Fußreflexzonenmassage nicht mehr weiterhelfen. Als Merkspruch gilt also: „Reflexzonenbehandlung heilt, was gestört und nicht, was zerstört ist."

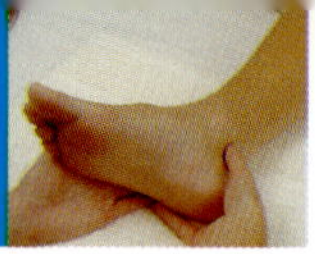

Unter anderem leiten sich aus diesem Merkspruch einige grundsätzliche Gegenanzeigen ab, bei denen Sie keine Fußreflexzonenmassage durchführen dürfen.

Gegenanzeigen für die Fußreflexzonenmassage

- Krampfadern im Fuß- und Unterschenkelbereich (Thrombosegefahr)
- Infektionen und Geschwüre an Fuß und Unterschenkel
- Erkrankungen, die mit hohem Fieber einhergehen
- Erkrankungen, die einer Operation bedürfen
- Zustand nach operativen Eingriffen an Knochen des Fußes oder des Unterschenkels (Fußreflexzonenmassage nur nach Rücksprache mit einem Arzt oder einer Ärztin)
- Schwangerschaft

Wenn Sie unsicher sind, ob die eine oder andere Gegenanzeige vorliegt, beraten Sie gemeinsam mit Ihrem Arzt oder Ihrer Ärztin, ob die Fußreflexzonenmassage angewendet werden kann.

Wissenswertes zur Durchführung der Reflexzonenmassage

Eine gute Fußreflexzonenmassage beruhigt und entspannt den empfangenden Partner bzw. die Partnerin. Damit dies gelingt, erfahren Sie, bevor Sie mit den ersten Übungen loslegen können, nun noch einiges Wissenswertes rund um die Massage.

Die Körperhaltung beim Massieren

Eine ideale Arbeitshöhe ist gegeben, wenn Sie die Massage mit aufrechtem Oberkörper und entspannten Schultern verabreichen können. Eine gute Behandlung dauert etwa 45 Minuten, und es ist nicht möglich, so lange in einer ungün-

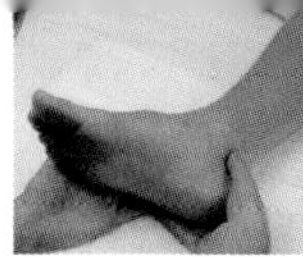

stigen Haltung zu massieren, ohne hinterher selbst eine entspannende Rückenmassage nötig zu haben. Daher ein dringender Rat: Bitte gewöhnen Sie sich eine rücken- und schulterfreundliche Haltung an. Setzen Sie sich aufrecht hin, indem Sie Ihr Becken nach vorne kippen, Ihren Brustkorb nach vorne und oben heben und Ihren Nacken strecken. Ihre Schultern lassen Sie möglichst locker hängen. Nur wenn Sie auch auf sich selbst Rücksicht nehmen, erleben und erhalten Sie sich die Freude an der Fußreflexzonenmassage.

Rücken- und schulterfreundliche Haltung einnehmen

Die Vorbereitung der Hände

Bei der Fußreflexzonenmassage arbeiten Sie viel mit den Daumenkuppen. Mit diesen üben Sie einen dynamischen Druck aus, gleichzeitig sind sie sensible Tastinstrumente, die Spannungen oder Verhärtungen in den einzelnen Reflexzonen registrieren. Ihre Fingernägel, insbesondere die der Daumen, sollten dementsprechend kurz sein. Die Nägel dürfen die Fingerkuppen nicht überragen, da dies beim massierten Partner bzw. der Partnerin unangenehme oder gar schmerzhafte Empfindungen hervorrufen wird. Während der Massage sollten Sie keinen Schmuck an den Händen tragen, das Metall würde den Kontakt zwischen Ihren Händen und den Füßen Ihres Massage-Partners oder Ihrer Partnerin stören.

Lockern und Aufwärmen

Um Ihre Hände auf ihre eventuell zunächst ungewohnte Tätigkeit bei der Massage vorzubereiten, können Sie, bevor Sie beginnen, einige Kräftigungs- und Dehnübungen durchführen.

Die Hände kräftigen

Zur Kräftigung nehmen Sie einen kleinen Ball, den Sie gut in der Hand halten können, und drücken ihn mit einer Hand zusammen. Halten Sie den Ball so für etwa sieben Sekunden, bevor Sie lockerlassen. Wechseln Sie die Hand, und wiederholen Sie diese Übung mit jeder Hand einige Male,

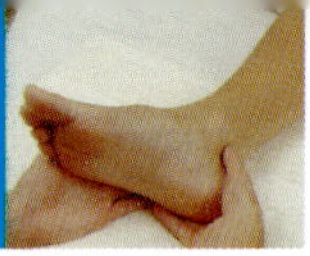

ohne sich dabei zu überanstrengen. Sie werden bemerken, wie Ihre Hände warm werden, und Sie spüren ihre Kraft und Beweglichkeit.

Dehnen Sie nun Ihre Hand- und Unterarmmuskeln, indem Sie stehend die nach oben gerichteten Hände auf Schulterhöhe flach gegen eine Wand legen. Strecken Sie dabei Ihre Finger und spreizen Sie sie ab. Sie sollten im Unterarm ein deutliches, aber nicht schmerzhaftes Dehnungsziehen verspüren. Verstärken Sie die Dehnung gegebenenfalls, indem Sie Handteller und Finger etwas von der Wand abheben. Halten Sie diese Position 20 – 30 Sekunden, und wiederholen Sie diese Übung dreimal.

Dehnung der Handmuskeln

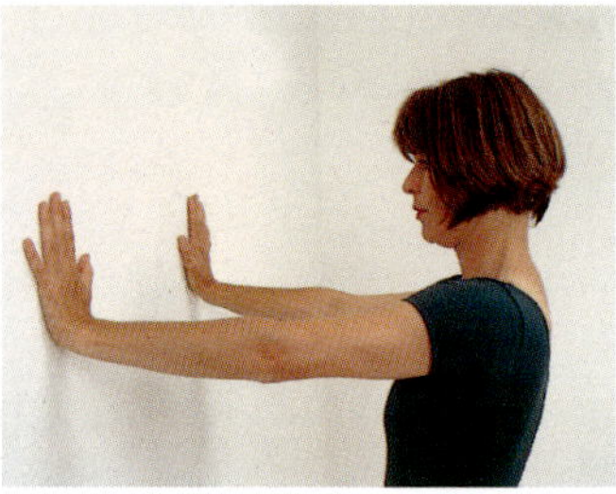

Die Energie der Hände

Wenn sich Ihre Hände warm und locker anfühlen, können Sie nun eine abschließende Übung durchführen, die die Empfindsamkeit Ihrer Hände fördert.

Wahrnehmungsübung:

Schließen Sie die Augen und atmen Sie ruhig und gleichmäßig ein und aus. Lassen Sie die Schultern während dieser Übung locker hängen. Halten Sie nun Ihre Hände so vor dem Körper, daß die Handflächen zueinander zeigen, sich aber nicht berühren. Lenken Sie Ihre Aufmerksamkeit auf die beiden Handflächen. Versuchen Sie zunächst, die Wärme, die von jeder Handfläche ausgeht, mit der jeweils anderen zu erspüren.

Den Energiestrom wahrnehmen

Nun stellen Sie sich vor, dieses Wärmegefühl sei ein Energiestrom zwischen Ihren Händen. Wenn Sie den Energiestrom wahrnehmen, fangen Sie an, mit ihm zu spielen: Führen Sie mit Ihren Händen ganz kleine, langsam kreisende Bewegungen in gegensätzliche Richtungen aus. Erweitern Sie dabei auch den Abstand zwischen Ihren Händen, jedoch nur soweit, wie Sie den Energie- und Wärmestrom noch wahrnehmen.

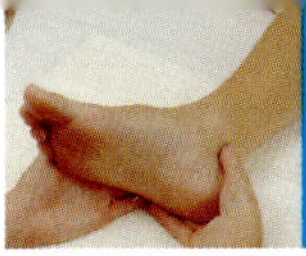

Führen Sie diese Übung einige Male auch für sich allein durch. Vergessen Sie nicht, daß dafür Ihre Hände warm sein müssen. Sie werden feststellen, daß Sie den Energiestrom immer besser wahrnehmen und sich die Empfindungsfähigkeit Ihrer Hände verbessert. Stellen Sie sich vor, daß Sie diesen Energiefluß durch die Massage auch an Ihren Partner bzw. Ihre Partnerin vermitteln möchten.

„Mit den Händen sehen"

Wenn Sie Ihre Hände durch Lockerung, Dehnung und die Übung zur Empfindsamkeit auf die Massage vorbereitet haben, spüren Sie vielleicht schon die Energie, die in ihnen liegt. Sind die Hände nun warm und empfindsam, können Sie sich der Massage und Ihrem Partner oder Ihrer Partnerin zuwenden.

Machen Sie sich zunächst mit den Füßen Ihres Massagepartners bzw. der Partnerin vertraut. Es wirkt beruhigend und erwärmend, wenn Sie zunächst einfach nur die Hände auf die Fußrücken legen. Lassen Sie die Hände einige Zeit liegen, und geben Sie sich und Ihrem Partner oder Ihrer Partnerin die Gelegenheit, den Hautkontakt zu erspüren. Versuchen Sie, statt mit Ihren Augen mit den Händen zu sehen. Schließen Sie dazu ruhig zuerst die Augen, und richten Sie Ihre gesamte Aufmerksamkeit auf Ihre Hände und darauf, was diese wahrnehmen: Spüren Sie, ob die Haut der Füße warm, trocken, feucht oder kühl ist. Kühle und/oder feuchte Füße können auf eine Anspannung des Partners oder der Partnerin hindeuten. Am besten geeignet für die Massage sind warme und trockene Füße.

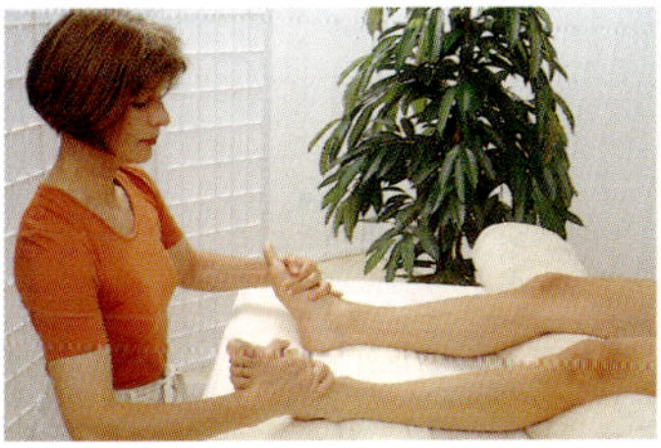

Den Hautkontakt erspüren

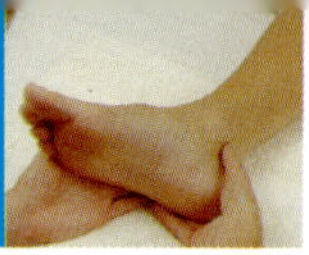

Das Aufwärmen der Füße

Ein ansteigendes Fußbad gegen kalte Füße

Kalte Füße sind für die Reize, die Sie durch eine Fußreflexzonenmassage vermitteln wollen, nicht empfänglich. Wenn die Füße des oder der Massage-Empfangenden so kalt sind, daß sie nicht durch Handauflegen warm werden, sollten sie vor Beginn der Massage erwärmt werden. Das gelingt am einfachsten mit Hilfe eines warmen oder ansteigenden Fußbads oder einer Wärmflasche, die an die Füße gelegt wird.

Durchführung eines ansteigenden Fußbads:
Stellen Sie Ihre Füße in eine kleine Wanne, die so hoch sein sollte, daß sie mindestens über Ihre Knöchel reicht. Führen Sie zunächst mäßig warmes Wasser (ca. 35 °C) zu. Lassen Sie nun langsam heißes Wasser zufließen, bis die Wassertemperatur 39 – 40 °C beträgt. Lassen Sie das Wasser am besten am Wannenrand entlang einlaufen, damit Sie sich nicht verbrennen. Das Bad sollte nicht länger als zehn bis fünfzehn Minuten dauern. Wenn Sie möchten, können Sie anschließend Ihre Füße mit kaltem Wasser kurz abduschen.

Hinweis:
Befinden sich an den Füßen Hautreizungen oder Verletzungen der Haut, oder liegen andere Verletzungen oder Erkrankungen im Bereich der Füße vor, ist von einer Reflexzonenmassage der Füße abzusehen.

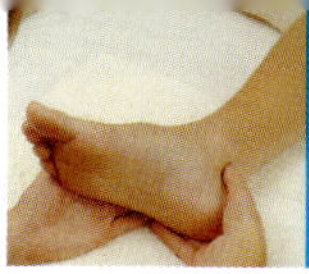

Was schmerzende Zonen bedeuten

Die Zonen der Fußsohle, die bei der Reflexzonenbehandlung angeregt werden, stehen in Beziehung zu Organen, Muskeln und Gelenken des gesamten Körpers. Mit Ihrer Massage fördern Sie eine Harmonisierung der Durchblutung in den entsprechenden Körperteilen und unterstützen damit das energetische Gleichgewicht und das Wohlbefinden des oder der Massage-Empfangenden. Gleichzeitig fördern Sie mit Ihrer Massage ein tiefes Entspannungsgefühl durch den Abbau streßbedingter Spannungszustände (siehe S. 14). Dabei kann es auch vorkommen, daß Sie Stellen ertasten, an denen der Partner oder die Partnerin eine verstärkte Sensibilität aufweist, die sich in Mißempfindungen oder sogar ausgeprägten Schmerzen äußern kann. In der Regel handelt es sich dabei um energetische Beeinträchtigungen, die im Verlauf einiger Massageanwendungen verschwinden. Respektieren Sie diese empfindlichen Zonen, und gehen Sie bei Ihrer Massage entsprechend empfindsam vor, anstatt sie mit vermehrter Anstrengung „wegmassieren" zu wollen. Ziehen Sie nicht voreilig den Schluß, daß eine Erkrankung der dazugehörenden Körperstelle vorliegt. Beunruhigen oder verunsichern Sie den massierten Partner oder die Partnerin nicht. Erklären Sie ihm oder ihr, daß schmerzende oder empfindliche Bezirke normalerweise nicht auf manifeste Erkrankungen hinweisen. Bleiben solche Zonen unverändert bestehen, oder haben Sie oder Ihr Massage-Partner bzw. die Partnerin das Gefühl, daß tatsächlich etwas nicht in Ordnung ist, hilft eine fachliche Abklärung durch einen Arzt oder eine Ärztin weiter. Versuchen Sie nicht, eigenständig „Diagnosen" zu stellen und vermeintliche Erkrankungen zu heilen (siehe auch Hinweis S. 15).

Empfindliche Stellen behutsam massieren

Schmerzende Bezirke weisen normalerweise nicht auf Erkrankungen hin

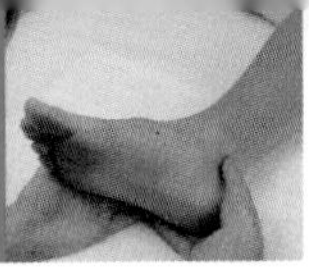

Reaktionen während oder nach der Massage

Von der Anspannung zur Entspannung

Neben den erwähnten Reaktionen an überempfindlichen Fußzonen können gelegentlich während der Massage auch allgemeinere, den gesamten Körper umfassende Reaktionen auftreten. Tiefe Müdigkeit und Abgespanntheit während oder nach der Massage sind erwünschte Effekte. Sie signalisieren den Übergang von einem angespannten in einen entspannten Zustand, ausgelöst durch die Massage. Es kann durchaus auch passieren, daß Ihr Partner oder Ihre Partnerin während der Massage einschläft. Auch dies signalisiert Ihnen, wie tief entspannend Ihre Massage wirkt. Informieren Sie den oder die Massage-Empfangende darüber, daß solche Zustände auftreten können, damit er bzw. sie sich fallen lassen kann und nicht krampfhaft versucht, wach zu bleiben. Günstig ist es auch, wenn der massierte Partner oder die Partnerin noch etwas nachruhen kann oder die Möglichkeit hat, einem eventuell aufkommenden Schlafbedürfnis nachzugeben.

Hilfsmittel

Hilfsmittel sind überflüssig

Für die „Fußgesundheit" und die Anregung von Fußreflexzonen werden auf dem Gesundheitsmarkt zahlreiche Hilfsmittel angeboten. All diese Hilfsmittel können Ihre einfühlende Hand bei der Massage aber weder ersetzen noch unterstützen. Gerade bei der Fußreflexzonenmassage ist die gesamte Sensibilität Ihrer Hände und Ihres Körpers gefragt. Vermeiden Sie daher Instrumente wie beispielsweise Massagestäbchen oder Fußroller als Hilfsmittel. Auch Öle, Salben oder Gleitmittel sind für die Massage ungeeignet. Manche Menschen empfinden es als wohltuend, wenn die Füße nach der Massage mit etwas Öl oder einer Creme eingerieben werden. Für die Massage selbst sind diese Mittel nicht zu empfehlen, da die massierenden Finger leichter abgleiten und somit die richtigen Techniken nicht mehr gezielt an den entsprechenden Stellen eingesetzt werden können.

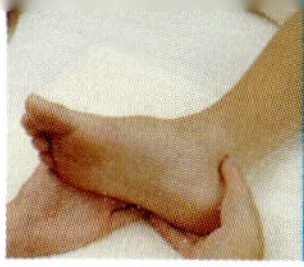

Dauer und Häufigkeit der Massage

Die bei der Reflexzonenbehandlung eingesetzten Massagegriffe, insbesondere der „Daumengang“ (siehe S. 30), erscheinen Ihnen anfangs eventuell anstrengend und ungewohnt. Massieren Sie daher nur solange, wie Sie dies ohne größere Mühe können. Überanstrengen oder überfordern Sie sich nicht, gerade wenn Sie in die Fußreflexzonenmassage einsteigen. Eine ausgiebige Massage aller Zonen beider Füße benötigt etwa 45 Minuten. Wenn Sie genügend Erfahrung und Ausdauer haben, werden Sie eine solche Massage ohne Mühe durchführen können.

Die Massage dauert 45 Minuten

Da es sich bei den hier gezeigten Massagen nicht um therapeutische Behandlungen handelt, kann die Massage täglich verabreicht werden. Um langfristig eine positive Wirkung auf das Wohlbefinden zu zeigen, sollten Sie sie ca. zwei- bis dreimal pro Woche durchführen. Richten Sie sich dabei aber vor allem nach Ihrem eigenen Wohlbefinden und den Wünschen Ihres Partners oder Ihrer Partnerin.

Übersicht: Wissenswertes zur Durchführung der Reflexzonenmassage

Für den Massierenden oder die Massierende:
- aufrechte Körperhaltung
- weiche Fingerkuppen, kurz geschnittene Fingernägel
- warme, entspannte Hände
- Vorsicht bei Schmerzen
- keine Hilfsmittel

Für den Massagepartner oder die -partnerin:
- warme Füße
- Möglichkeit zur Nachruhe

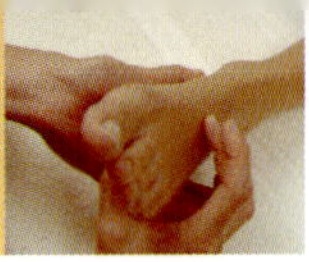

Praxis: Fußreflexzonenmassage Schritt für Schritt

Nachdem Sie nun die wichtigsten Grundlagen zur Reflexzonenmassage am Fuß erfahren haben, führt Sie der folgende Teil Schritt für Schritt in die Praxis dieser Massage ein. Zunächst erlernen Sie die wichtigsten Grundtechniken, die Sie für jede Massage benötigen. Anschließend lernen Sie im Detail, wie die einzelnen Reflexzonen mit diesen Techniken zu massieren sind. Zuletzt werden einige Beispiele zur Anwendung der Fußreflexzonenmassage und zur Selbstmassage vorgestellt.

Wie Sie Buch und Video zusammen nutzen:
Wenn Sie sich bereits in die Grundlagen im Abschnitt „Wissen" eingelesen und das Video angeschaut haben, haben Sie schon eine sehr gute bildliche Vorstellung von den Griffen und Massagen, die hier im Abschnitt „Praxis" vorgestellt werden. Beim weiteren Lesen können Sie problemlos solche Griffe, die Sie als schwierig empfinden, noch einmal auf dem Video anschauen. Die Kamerasymbole bei den einzelnen Techniken helfen Ihnen, die entsprechende Videosequenz mit Hilfe Ihres Zählwerks im Videorecorder leicht zu finden. Stellen Sie dazu einfach beim Einlegen der zurückgespulten Kassette den Zählerstand auf Null (Anzeige in Minuten), und spulen Sie die Kassette zu dem Stand, der neben dem Kamerasymbol angegeben ist.

Vorbereitung

Raum und Atmosphäre

Eine angenehme Atmosphäre schaffen

Führen Sie eine Massage der Fußreflexzonen möglichst in einer angenehmen Umgebung durch. Dies unterstützt ihre entspannende und harmonisierende Wirkung.
Verabreichen Sie die Massage in einem angenehm temperierten Raum. Indirektes, gedämpftes Licht und eine Duft-

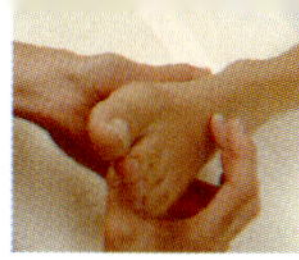

lampe mit ätherischen Ölen verbreiten eine einladende Atmosphäre. Auch ruhige Musik kann die Entspannung unterstützen. Fragen Sie unbedingt auch Ihren Partner oder Ihre Partnerin, welche Temperatur und Atmosphäre er bzw. sie als angenehm empfindet.

Störungen ausschließen

Achten Sie bei sich selbst auf bequeme Kleidung, die Ihren Bewegungsspielraum nicht einengt, und nehmen Sie sich viel Zeit für die Massage. Stellen Sie sicher, daß Sie nicht durch Anrufe oder andere voraussehbare Ereignisse gestört werden.

Rezept für eine entspannende Duftmischung:

Lavendelöl	2 Tropfen
Melissenöl	2 Tropfen
Neroliöl	2 Tropfen
Rosmarinöl	2 Tropfen

Die Anteile der verschiedenen Öle werden nacheinander tropfenweise in die gefüllte Wasserschale einer Duftlampe gegeben.

Lagerung

1:20

Eine entspannte Lagerung der Partnerin oder des Partners ist mitentscheidend für den Erfolg einer Massage. Im Liegen ist die gesamte Muskulatur entlastet, und der oder die Massage-Empfangende kann sich entspannt auf die Massage einstellen.

Er bzw. sie befindet sich in der Rückenlage. Der Kopf wird durch ein kleines Kissen leicht erhöht. Unterlagern Sie die Knie etwas, z.B. mit einer zusammengerollten Decke. Dadurch werden die Beine im Kniegelenk etwas gebeugt, die gesamten Beinmuskeln entspannt und die Bildung eines Hohlkreuzes vermieden. Die Füße müssen für Sie von allen Seiten bequem erreichbar sein. Ideal wäre es, wenn sich die Füße auf der Höhe Ihres Bauch-Brust-Bereichs

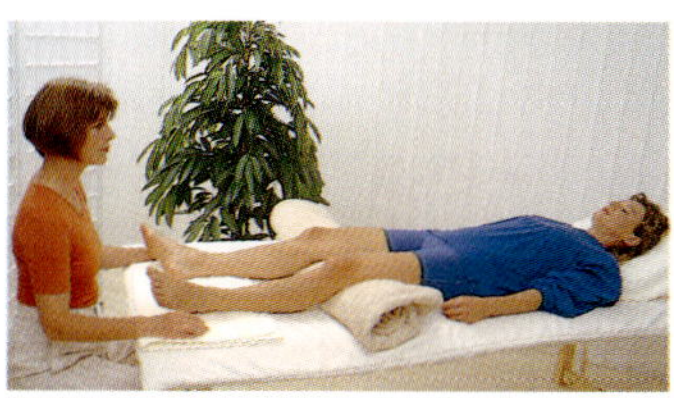

Entspannte Lagerung

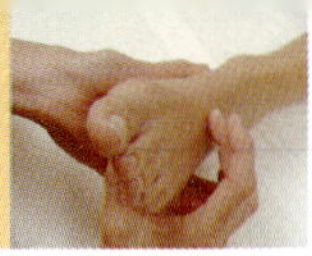

befinden, damit Sie mit Ihren rechtwinklig gebeugten Armen massieren können, ohne ständig Ihre Schultern hochziehen zu müssen. Eine entsprechende Unterlage sollte also ausreichend hoch sein. Sehr geeignet kann beispielsweise ein Liegesessel sein. Darin sind die Beine entsprechend unterlagert und die Füße in einer günstigen Höhe. Während der Massage kann sich der Partner oder die Partnerin bequem zurücklehnen und die Massage entspannt genießen.

Auf einen guten Sichtkontakt achten

Beachten Sie als einen weiteren wichtigen Aspekt der Lagerung, daß Sie einen guten Sichtkontakt zu Ihrem Gegenüber haben sollten. So sehen Sie seinem oder ihrem Gesichtsausdruck an, wie Ihre Massage „ankommt". Wenn Ihr Druck einmal zu stark sein sollte, bemerken Sie dies sofort an der Miene des Partners oder der Partnerin. Nehmen Sie einen ruhigen, entspannten Gesichtsausdruck wahr, wissen Sie, daß Ihre Dosierung perfekt ist.

Die Massage wird am unbekleideten Fuß durchgeführt. Bereiten Sie Partner oder Freunde, die Sie zum ersten Mal massieren, darauf vor.

Übersicht Vorbereitung:
- wohltemperierter Raum, angenehme Atmosphäre
- Rückenlage mit einer Rolle unter den Knien
- unbekleidete Füße und Unterschenkel
- Füße in Höhe des Bauch-Brust-Bereichs
- Sichtkontakt

2:05

Massagetechniken

Bereits mit wenigen, einfachen Griffen können Sie eine wirkungsvolle und entspannende Massage der Fußreflexzonen durchführen. Machen Sie sich dazu in Ruhe mit den einzelnen Handgriffen vertraut. Sie werden schnell feststellen, ob die entsprechenden Anwendungen Ihrem Partner oder Ihrer Partnerin guttun. Wenn Sie schmerzende oder empfindliche Zonen ertasten, merken Sie sich diese Bereiche. Gehen Sie auf diese Bezirke dann beim zweiten Durchgang

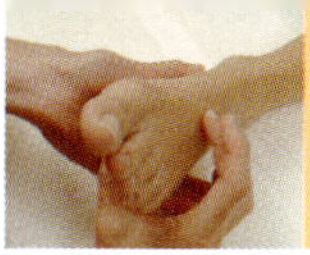

noch einmal sehr vorsichtig und sanft, aber ausführlich ein. Wenn die Mißempfindungen nicht beim ersten oder zweiten Massagedurchgang verschwinden, massieren Sie die Füße noch einmal nach zwei oder drei Tagen. Bedenken Sie, gerade wenn Sie auf schmerzempfindliche Zonen stoßen, daß die Massage von Ihrem Partner oder Ihrer Partnerin als angenehm und wohltuend empfunden werden soll. Richten Sie sich in der von Ihnen ausgeübten Druckstärke immer nach dem Wohlbefinden des oder der Massage-Empfangenden.

Das Wohlbefinden steht im Vordergrund

Hinweis:
Normalerweise sind die Stellen des Fußes, an denen sich Sehnen und Knochen direkt unter der Haut befinden, empfindlicher als die weichen Gebiete mit viel Muskelgewebe. Richten Sie sich in Ihrer Druckstärke auf diese Empfindlichkeiten ein. Achten Sie dabei vor allem auf die individuelle Verträglichkeit Ihrer Partnerin oder Ihres Partners.

Richtig Druck ausüben

Bei den im folgenden dargestellten Massagetechniken werden verschiedene Arten der Druckausübung angewendet. Welche Drucktechnik Sie einsetzen, hängt davon ab, ob eine Reflexzone punktförmig ist oder sich über eine Linie oder Fläche erstreckt, und ob diese Zone besonders schmerzempfindlich ist.

Ausstreichungen

Ausstreichungen dienen einer nur ganz leichten und gleichmäßigen Druckausübung auf eine Fläche (Ausstreichungen mit der ganzen Hand) bzw. auf eine Linie (Ausstreichungen mit den Fingern). Die Streichung zielt dabei nicht auf bestimmte Druckpunkte, sondern regt die Durchblutung an und wirkt allgemein entspannend. Ausstreichungen werden daher vor allem zu Beginn und zum Abschluß einer Massage eingesetzt.

Ausstreichungen regen die Durchblutung an

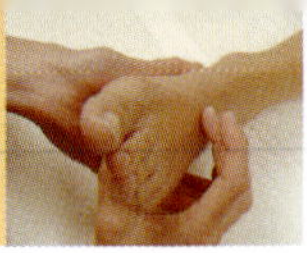

Konstanter Druck

Bei bestimmten kleinen oder punktförmigen Reflexzonen oder wenn ein Bereich einer Reflexzone besonders schmerzempfindlich ist, wird über 30 – 60 Sekunden ein konstanter Druck auf diesen Bereich ausgeübt, meistens mit dem Daumen.

Druckausübung „Punkt für Punkt"

Diese Technik wird vor allem dann angewendet, wenn der Druck nicht nur auf eine bestimmte Stelle, sondern auf eine Linie oder langgezogene Fläche, d.h. beispielsweise auf eine strichförmige Zone ausgeübt werden soll. Sie wandern dabei mit Ihrem Druck ausübenden Finger von Druckpunkt zu Druckpunkt.

Hinweis:
Lassen Sie während der gesamten Massage beide Hände stets am Fuß. Bei einhändig ausgeführten Drucktechniken können Sie mit der haltenden Hand auf diese Weise immer einen Gegendruck zu Ihrer massierenden Hand ausüben. Darüber hinaus wirkt die zweite, am Fuß ruhende Hand beruhigend auf Ihren Partner oder Ihre Partnerin ein.

2:25

Hände auflegen

Hierbei handelt es sich nicht im eigentlichen Sinn um eine Technik oder einen speziellen Griff. Vielmehr dient das Auflegen der Hände zunächst der Entspannung und der Kontaktaufnahme (siehe S. 35). Indem Sie Ihre warmen Hände

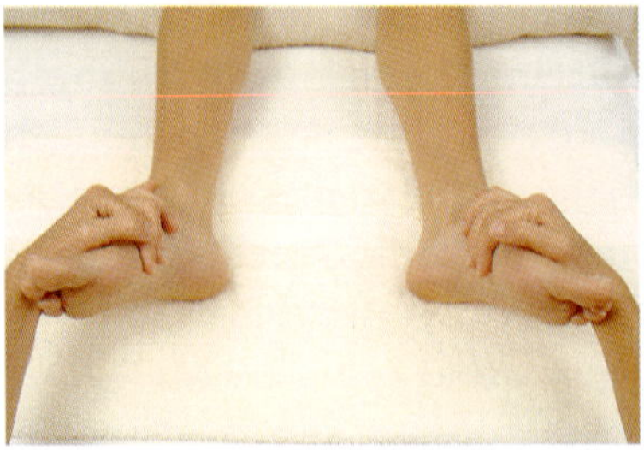

Einstimmung und Kontaktaufnahme

einige Momente auf den Fußrücken legen, stimmen Sie sich selbst und Ihren Partner oder Ihre Partnerin innerlich auf die Massage ein. Beginnen Sie daher jede Massage mit dem

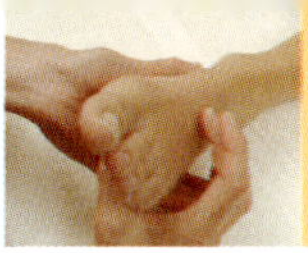

Auflegen der Hände. Schließen Sie dabei die Augen, und atmen Sie bewußt tief ein und aus. Konzentrieren Sie sich auf Ihre Hände, und stellen Sie sich vor, daß Sie Ihre gesamte Energie in ihnen sammeln. Versuchen Sie, den warmen Energiefluß zwischen Ihren Händen und den Füßen zu erfühlen.

Auch Ihren Partner oder Ihre Partnerin werden die aufgelegten warmen Hände beruhigen und entspannen. So bringen Sie sich beide in die richtige Stimmung, um eine wohltuende Fußmassage zu geben und zu empfangen.

Beine ausstreichen

2:50

Ausstreichungen führen Sie vor allem zu Beginn und zum Ende einer Massage durch. Sie können sie aber auch immer wieder zwischendurch wiederholen, um der Massage bestimmter Zonen einen Abschluß zu geben.

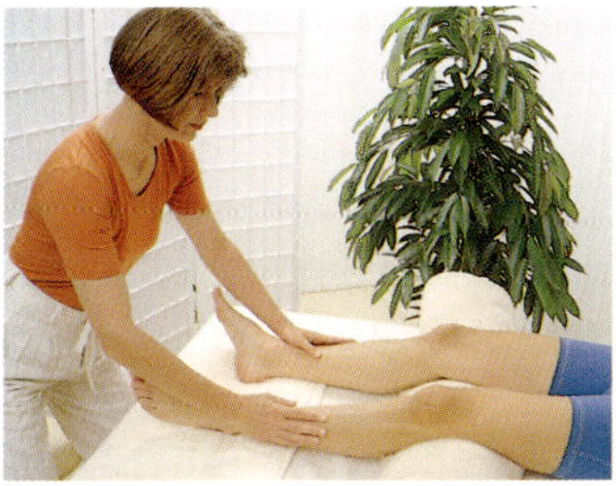

Beide Beine gleichzeitig ausstreichen

Auch das Ausstreichen der Beine dient der Einstimmung auf die Massage. Streichen Sie mit beiden Händen flach von den Knien über die Schienbeine und Fußrücken bis zu den Zehen und über diese hinaus. Stellen Sie sich vor, Sie würden Anspannungen aus dem Fuß sanft herausstreichen oder -ziehen. Diese Bewegungen erfolgen gleitend und mit einem flächigen Hautkontakt der Hände. Danach streichen Sie noch einmal jedes Bein einzeln Hand über Hand, d.h. mit beiden Händen abwechselnd, aus. Setzen Sie die zweite Hand jeweils am Knie an, bevor Sie mit der ersten Hand die Ausstreichung an den Zehen beendet haben.

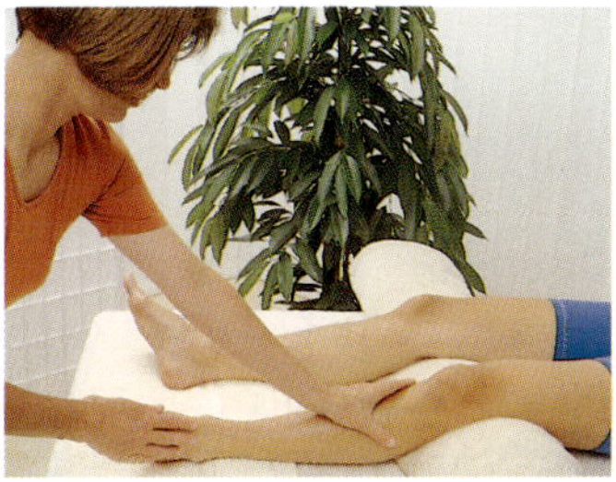

Anschließend jedes Bein einzeln ausstreichen

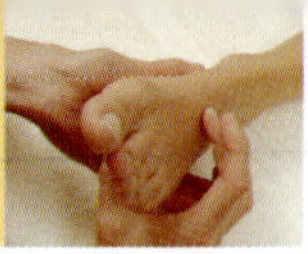

3:35

Drücken und Ziehen (Pinzettengriff)

Mit dem Pinzettengriff können Sie entspannende Ausstreichungen an den Zehen durchführen. Nehmen Sie dafür einen Zeh zwischen Daumen, Zeige- und Mittelfinger. Üben Sie mit Ihren Fingern zunächst einen leichten Druck aus. Ziehen Sie dann sanft in Richtung Zehennagel und streichen Sie den Zeh damit aus.

Mit dem Pinzettengriff die Zehen massieren

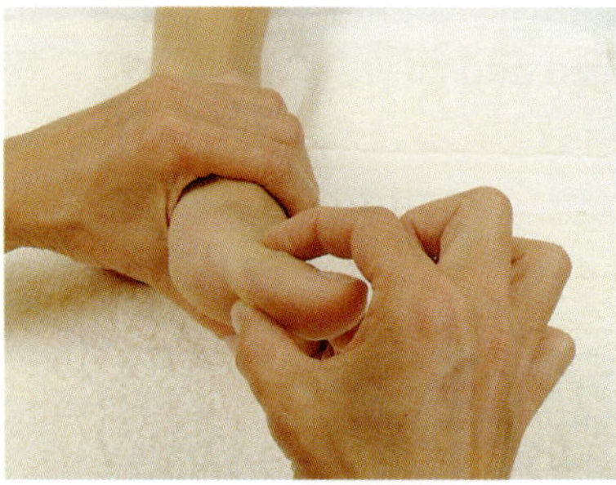

Wenn Sie die Wirkung des Pinzettengriffs intensivieren möchten, können Sie während der Ausstreichungen auch Punkt für Punkt Druck ausüben. Halten Sie dazu beim Ziehen immer wieder inne, und üben Sie punktweise Druck auf die einzelnen Zehenglieder aus.

Verfahren Sie auf diese Weise mit jedem einzelnen Zeh. Eignen Sie sich für alle Zehen einen harmonischen Rhythmus an: Druck ausüben, nachlassen, weiterziehen – Druck ausüben, nachlassen, weiterziehen, und so weiter. Druck und Zug sind dabei immer leicht und sanft. Schmerzen oder Mißempfindungen dürfen hier keinesfalls auftreten.

4:20

Daumengang (Raupengang)

Der Daumengang ist der wichtigste und am häufigsten eingesetzte Griff der Fußreflexzonenmassage. Der Daumen hat dabei zwei entscheidende Aufgaben: Mit ihm spüren und tasten Sie, und Sie üben gleichzeitig Druck aus.

Den Daumen wie eine Raupe fortbewegen

Der Griff besteht aus den folgenden Phasen: Daumen auflegen, Daumenendglied anwinkeln, mit der Daumenkuppe vorsichtig Druck ausüben, Druck halten, sanft lösen, den Daumen langsam weiterschieben. Dieser Bewegungszyklus läßt sich gut mit der Fortbewegung einer Raupe vergleichen. Der Druck wird Punkt für Punkt ausgeführt, wobei die

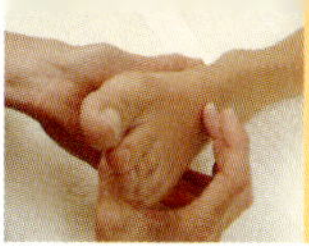

Punkte unmittelbar nebeneinander liegen. Die Dauer, über die der Druck auf einen Punkt gehalten wird, beträgt jeweils einige Sekunden. Der Daumen sollte dabei nicht zu stark abgeknickt werden, da dies das Daumenmittelgelenk überlastet. Außerdem drückt sich der Daumennagel zu stark und unangenehm in die Haut.

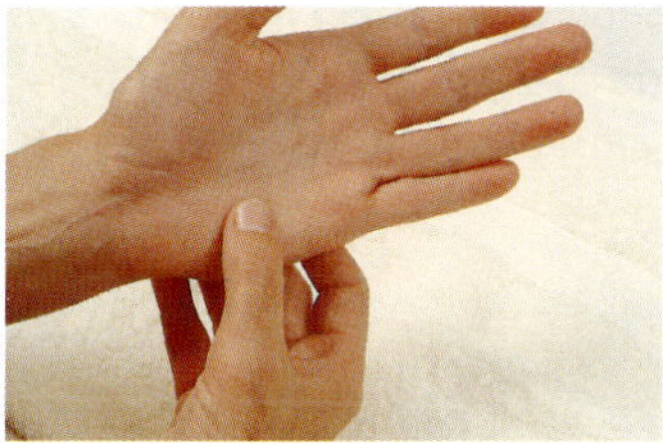

Daumen aufsetzen, ...

Probieren Sie diesen Griff zunächst an Ihrer Handinnenfläche aus, um sich daran zu gewöhnen: Legen Sie Ihren Daumen zuerst flach auf die Handfläche der anderen Hand. Beugen Sie ihn nun im ersten Gelenk leicht, und üben Sie mit der Daumenkuppe einen ganz leichten und stetigen Druck aus. Der Druck ist gleichmäßig und ruhig, also nicht federnd oder kreisend. Die übrigen Finger halten auf dem Handrücken den Gegendruck zum Daumen. Eunice D. Ingham, die amerikanische Pionierin der Fußreflexzonenmassage, umschrieb diesen Bewegungsablauf folgendermaßen: Man solle sich vorstellen, man zerdrücke einige Zuckerkristalle in der Handfläche.

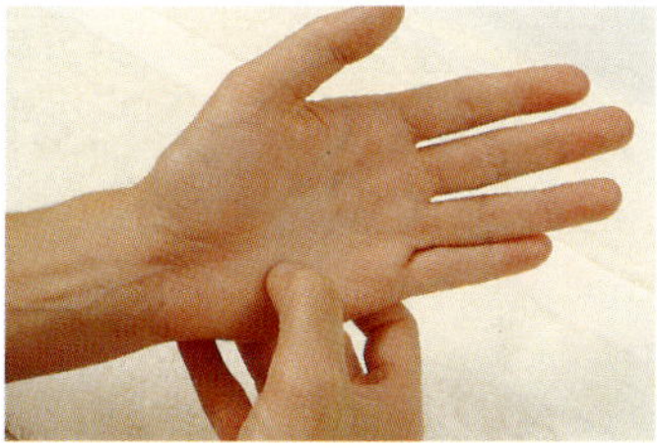

...im Endglied beugen und Druck ausüben, ...

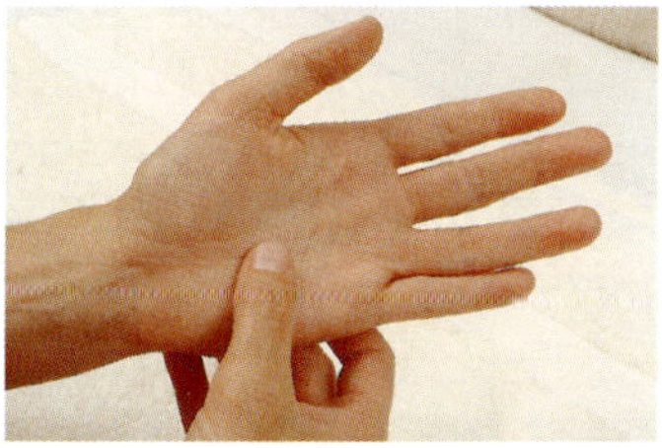

...Druck lösen und Daumen weiterschieben

Wenn Sie ein Gefühl für diesen Griff entwickelt haben, können Sie ihn auch am Fuß anwenden. Anfangs wird Ihr Daumen es vermutlich noch nicht gewohnt und nicht in der Lage sein, den Daumengang mehrere Minuten hintereinander anzuwenden. Gönnen Sie ihm daher regelmäßige Pausen, und führen Sie zwischendurch immer wieder Streichungen oder andere der hier gezeigten Griffe durch.

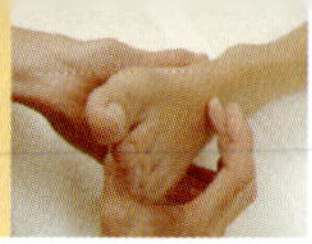

Konstanter Druck mit dem Daumen

Der Druck mit dem Daumen kann auch bei schmerzenden Zonen angewendet werden. Hierbei entfällt die Fortbewegung im Raupengang; der Druck wird auf einer Stelle angesetzt und länger konstant gehalten. Setzen Sie den Daumen dazu zuerst leicht auf, und verstärken Sie den Druck langsam. Halten Sie ihn 30 – 60 Sekunden aufrecht. Manchmal lösen sich die Schmerzen unter diesem konstanten Druck. Respektieren Sie aber auch hier unbedingt die Schmerzgrenze Ihres Partners oder Ihrer Partnerin. Wenn sich die Schmerzempfindlichkeit in dieser Zone nicht verringert, massieren Sie sie in einem späteren Durchgang nochmals (siehe auch S. 21).

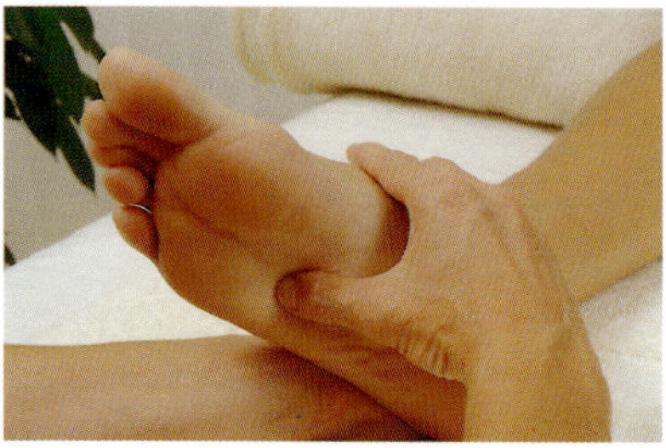

Mit konstantem Druck Schmerzen lösen

Raupengang mit dem Zeigefinger

Genau wie mit dem Daumen kann der Raupengang auch mit dem Zeigefinger durchgeführt werden. Der Zeigefinger wird dazu ebenfalls zuerst flach aufgelegt. Der Druck wird ausgeübt, indem der Finger im letzten Glied gekrümmt wird. Punkt für Punkt wandert er dann im Raupengang über die zu massierende Zone. Diese Drucktechnik eignet sich besonders gut für Stellen, die aufgrund ihrer Empfindlichkeit keinen besonders starken Druck vertragen. Das sind vor allem die Stellen des Fußes, an denen direkt unter der Haut Knochen und Sehnen liegen.

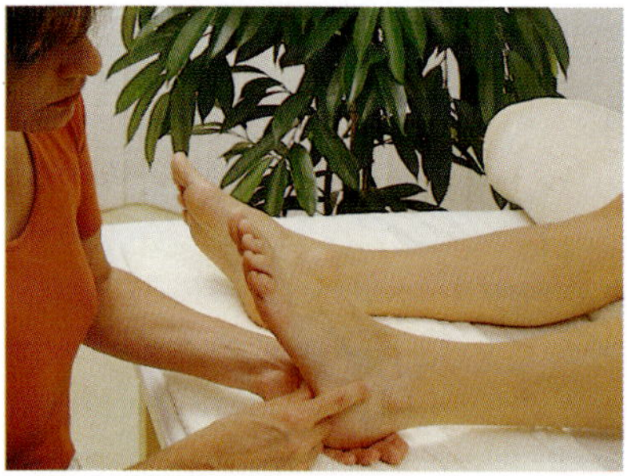

Mit dem Zeigefinger empfindliche Zonen massieren

Fingerstreichungen

5:40

Die Zwischenräume zwischen den Mittelfußknochen auf dem Fußrücken lassen sich sehr einfach mit den Fingern ausstreichen. Auch diese Technik wird sanft angewendet und wirkt entspannend. Nehmen Sie dazu die Fußsohle in die eine Hand, und streichen Sie mit den Fingern zwischen den Mittelfußknochen entlang bis zu den Zehen.

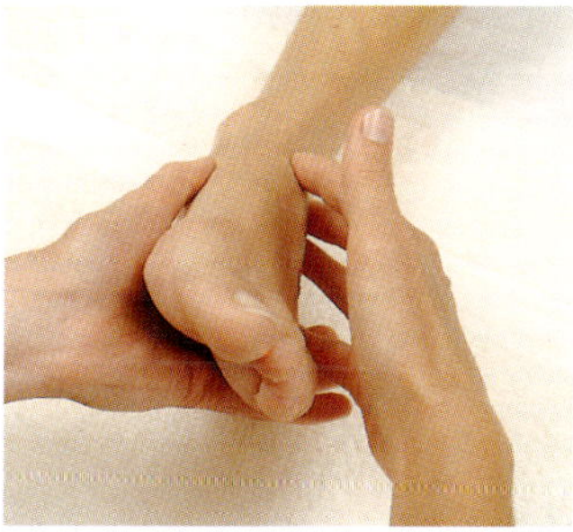

Mit den Fingern den Fußrücken ausstreichen

Sandwich-Streichungen

6:10

Sandwich-Streichungen sind sanfte und beruhigende Ausstreichungen mit beiden Händen. Sie können immer wieder zwischendurch als Abschluß einzelner Massageabschnitte angewendet werden.

Legen Sie die eine Hand auf die Fußsohle und die andere auf den Fußrücken. Ziehen Sie dann beide Hände gleichzeitig langsam und mit leichtem Druck über den Fuß und die Zehenspitzen. Wiederholen Sie die Streichung mehrmals.

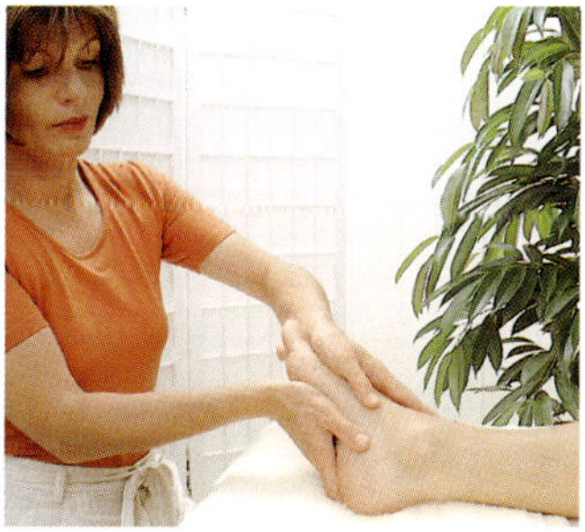

Den Fuß zwischen die Hände nehmen und ausstreichen

Hinweis:
Stellen Sie sich bei allen „Streichungen" vor, daß Sie mit Ihren Händen die Verspannungen aus dem Fuß über die Zehen hinweg herausstreichen.

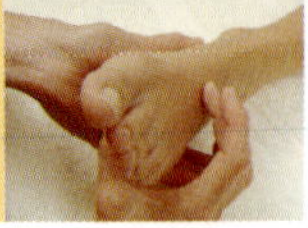

6:50

Fersendehnung

Langsame Dehnungen sind wunderbar entspannend und bringen den Körper wieder ins Lot. Daher eignet sich auch die Fersendehnung als Einstimmung und Vorbereitung auf die Massage. Sie lockern und entspannen damit die Muskeln der Unterschenkel und der Füße. Nehmen Sie beide

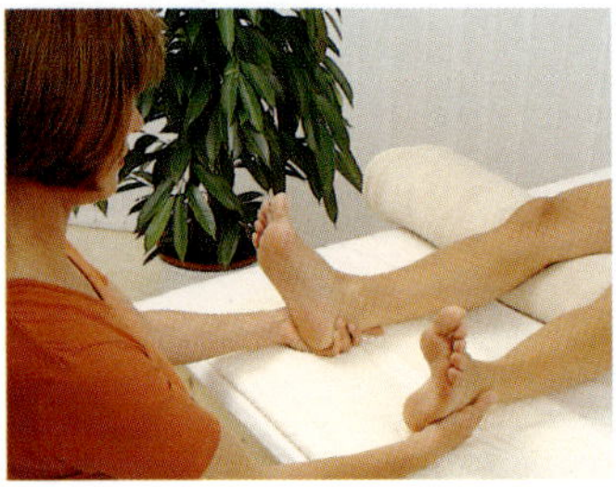

Sanft an beiden Füßen ziehen

Fersen flächig in Ihre Hände, und üben Sie an beiden Beinen einen gleichmäßigen, leichten Zug aus. Verstärken Sie den Zug gefühlvoll bei der Ausatmung Ihres Partners oder Ihrer Partnerin. Geben Sie bei der Einatmung dagegen etwas nach. Die Knie bleiben bei der Dehnung auf der Unterlage und dürfen durch den Zug nicht durchgestreckt oder abgehoben werden.

9:55

Massage der wichtigsten Fußreflexzonen

Hier folgt nun die Beschreibung der wichtigsten Bereiche des Körpers, die auf dem Fuß als Reflexzonen abgebildet sind, sowie die Anleitung zur Massage dieser Zonen am Fuß. Denken Sie immer daran, daß es sich hierbei nicht um eine Heilbehandlung, sondern um eine Massage handelt, die das Wohlbefinden und die Entspannung des massierten Partners oder der Partnerin im Auge hat.

Hinweise zum Verlauf der Massage:
Bei der klassischen Fußreflexzonentherapie wird nach den einstimmenden Streichungen jede Reflexzone auf beiden Füßen hintereinander behandelt. Das erleichtert es, Unterschiede in der Schmerzempfindlichkeit zwischen den jeweiligen Zonen auf dem rechten und linken Fuß festzustellen. Der Schwerpunkt der hier vorgestellten Reflexzonenmassage liegt jedoch auf der Harmonisierung des kör-

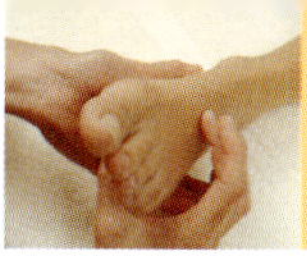

perlichen Gleichgewichts und der Entspannung des oder der Massage-Empfangenden. Dafür ist es günstiger, zuerst alle Reflexzonen auf dem rechten Fuß zu massieren und anschließend zum linken Fuß zu wechseln. Ein häufiger Wechsel zwischen den Füßen stört in diesem Fall den Fluß der Massage eher.

Die Füße nacheinander massieren

Denken Sie daran, daß die Instruktionen auf dem Video nur verkürzt darstellen, wozu Sie sich so viel Zeit nehmen sollten, wie Ihnen selbst angenehm und Ihrem Massagerhythmus entsprechend ist. Besonders für die Einstimmung sollten Sie sich Zeit lassen, um sich und Ihrem Partner oder Ihrer Partnerin die Möglichkeit zu geben, in eine meditative, entspannte Stimmung zu gelangen. Jede Massagetechnik wird mehrmals hintereinander durchgeführt, sooft Sie und der oder die Massage-Empfangende es als notwendig und wohltuend empfinden. Achten Sie auch auf Reaktionen des Massage-Partners bzw. der Partnerin, und gönnen Sie ihm oder ihr bei besonders angenehm empfundenen Berührungen einige Zusatz-Streichungen. Eine komplette Übersicht über den Behandlungsverlauf zum einfachen Nachschlagen finden Sie ab Seite 60.

Einstimmung

7:30

Die eigentliche Massage der Reflexzonen beginnt mit der Einstimmung. Sammeln Sie sich zunächst, indem Sie sich entspannen und auf die Energie Ihrer Hände konzentrieren. Richten Sie Ihre Aufmerksamkeit ganz auf die folgende Massage.

Energie sammeln und Kontakt aufnehmen

Nehmen Sie nun Kontakt auf, indem Sie Ihre Hände auf die Füße des oder der Massage-Empfangenden legen. Erspüren Sie die Füße und die Haut unter Ihren Händen. Ihr Partner bzw. Ihre Partnerin weiß nun, daß die Massage beginnt, und kann sich entspannen und sich Ihnen ganz anvertrauen.

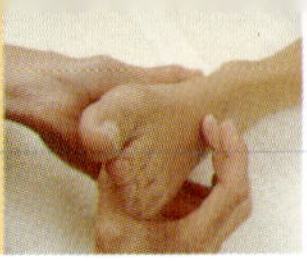

Streichen Sie zur Einleitung der Massage die Beine und Füße mit ruhigen, sanften Bewegungen aus. Anschließend streichen Sie auch die Füße einige Male mit Sandwich-Streichungen aus. Halten Sie zuletzt noch die Füße, indem Sie beide Fersen in Ihre Hände nehmen. Dieses einfache Halten wärmt und fördert die Entspannung.

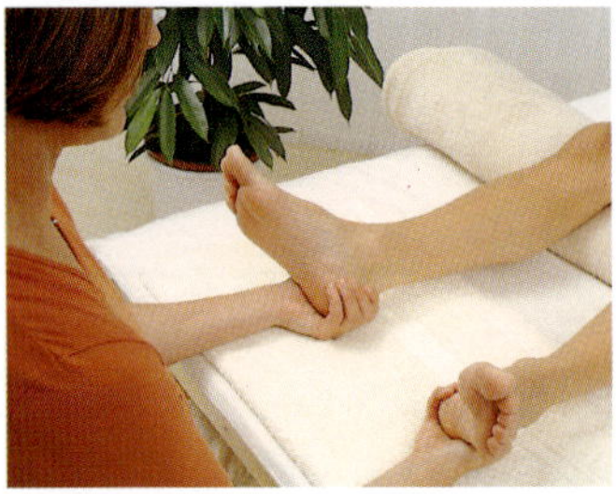

Zur Einstimmung die Fersen halten

10:30

Kopf

Der Kopf des Menschen ist das Zentrum und der wichtigste Bereich für die Informationsaufnahme, -verarbeitung und -weitergabe im gesamten Körper. Hier befinden sich die Sinnesorgane Nase, Zunge, Ohren und Augen sowie die „Zentrale“, das Gehirn, das diese Informationen zu verwertbaren Befehlen für den Organismus verarbeitet. Mit den oberen Atmungsorganen Nase und Mund nehmen wir den lebensnotwendigen Sauerstoff auf; mit den oberen Verdauungsorganen nehmen wir Flüssigkeit und Nahrung zu uns. Einen Großteil der Reize aus unserer Umwelt empfangen und verarbeiten wir mit dem Kopf. Entsprechend empfindlich und hochsensibel ist er. Störungen des körperlichen Gleichgewichts durch Streß äußern sich entsprechend häufig im Kopfbereich als Verspannungen, Kopfschmerzen oder Erkrankungen der oberen Atemwege.

Lokalisation der Reflexzonen

Die Reflexzonen für den Kopf bilden sich auf den Zehen ab. Der Kopf ist dabei doppelt repräsentiert. Das liegt daran, daß Fitzgerald den Kopf selbst, der überwiegend in der ersten Zone liegt, zusammen mit der Schulter- und Armzone noch einmal mit den zehn verschiedenen Zonen durchzogen gefunden hat (siehe Grafik S. 7). Deshalb liegt jeweils eine Zone für den gesamten Kopf auf den großen Zehen und zusätzlich detailliertere kleine Zonen für die einzelnen Bereiche

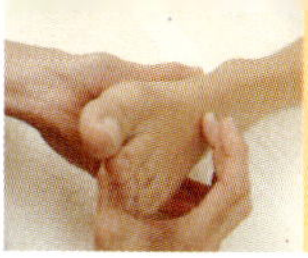

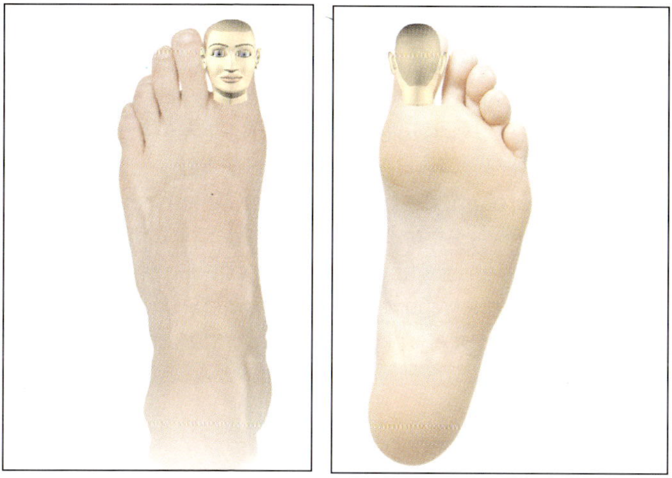

Der Kopf bildet sich auf den großen Zehen ab ...

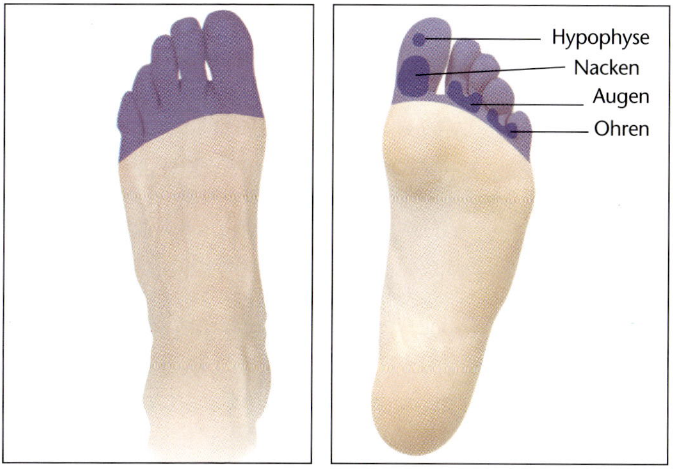

... und zusätzlich in detaillierten Zonen auf den einzelnen Zehen

des Kopfes verteilt auf allen Zehen. Die Gesichtszone befindet sich auf der Oberseite der Zehen. Die Zehenbeeren, also die Zehenunterseiten, entsprechen dem Hinterkopf. In der Mitte der Großzehenbeere liegt die Zone für die Hirnanhangdrüse, die Hypophyse. Diese wichtige Drüse ist die „Steuerzentrale" für viele andere Drüsen des Körpers.
Die Reflexzone für den Hals- und Nackenbereich liegt an der Großzehenbasis. Die Zuordnungszone für die Augen befindet sich am zweiten und dritten Zehenansatz, die Zonen für die Ohren im Bereich des vierten und fünften Zehenansatzes.

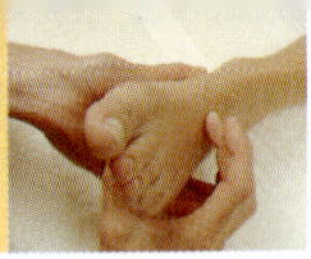

Hinweis:
Das Ausmaß der Beweglichkeit im Grundgelenk des großen Zehs entspricht ungefähr der Beweglichkeit im oberen Bereich der Halswirbelsäule. Testen Sie bei Ihrem Partner einmal die Gelenkigkeit des großen Zehs, indem Sie diesen vorsichtig kreisen. Bewegungseinschränkungen, Reiben und Mahlen könnten auf Probleme im Kopf-Nacken-Bereich hindeuten. Sie können diese gegebenenfalls sofort überprüfen, indem Sie den Partner bitten, sich aufzurichten und den Kopf einmal in alle Richtungen zu bewegen.

Massage der Kopfzonen

Zur Massage der Kopfzonen streichen Sie nacheinander alle Zehen mit dem Pinzettengriff zwischen Daumen, Zeige- und Mittelfinger aus. Beginnen Sie an der Großzehe. Üben Sie zuerst mit Daumen und Zeigefinger einen leichten Druck aus, und streichen Sie mit gleichmäßigem Druck langsam nagelwärts aus. Setzen Sie dann noch einmal am Großzeh an. Streichen Sie nun aber den Zeh nicht aus, sondern üben Sie mit dem Pinzettengriff mit Daumen und Zeigefinger Punkt für Punkt Druck aus: Drücken Sie die Zehenbasis, lösen Sie den Druck, ziehen Sie einige Millimeter mit leichterem Druck weiter, und drücken Sie wieder, bis Sie an den Zehenspitzen angelangt sind (siehe auch S. 30).

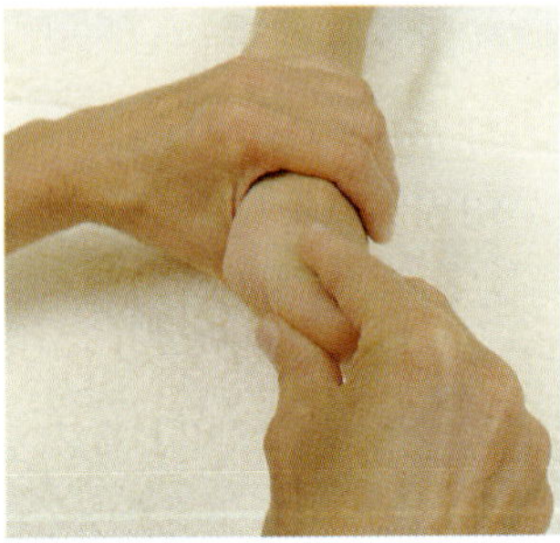

Die Zehen ausstreichen…

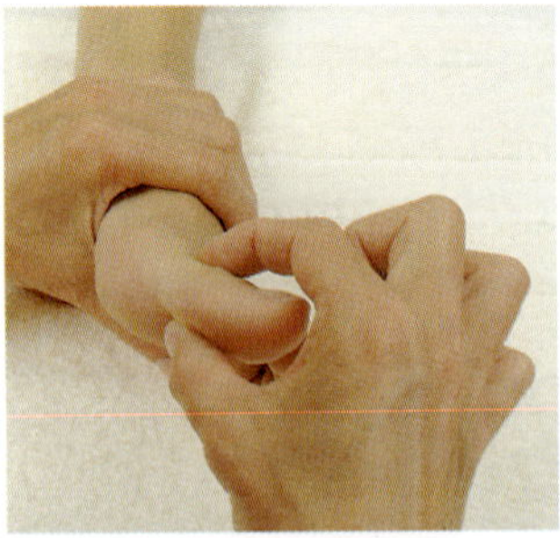

… und Punkt für Punkt massieren

Massieren Sie auf diese Weise jeden einzelnen Zeh. Achten Sie bei dieser Massagetechnik auf Ihren Partner oder Ihre Partnerin: Treten dabei Schmerzen auf, so verringern Sie den Druck, oder sparen Sie schmerzhafte Bereiche aus.

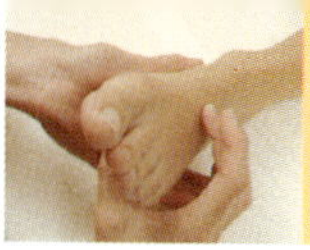

Nachdem Sie auf diese Weise alle Zehen massiert haben, widmen Sie sich nun den Zonen für Augen und Ohren. Diese Zonen liegen an den Fußsohlen im Bereich der Zehenansätze. Massieren Sie diese Zonen mit dem Daumengang einmal von der Fußaußenseite nach innen und anschließend noch einmal von innen nach außen. Der Druck des Daumens wird in Richtung Ferse gerichtet.
Abschließend massieren Sie noch den Nackenbereich, ebenfalls Punkt für Punkt mit dem Daumengang.

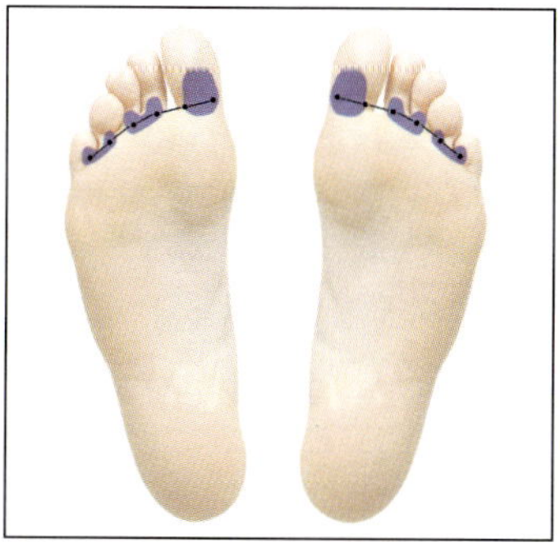

Mit Daumengang die Gesichtszonen massieren

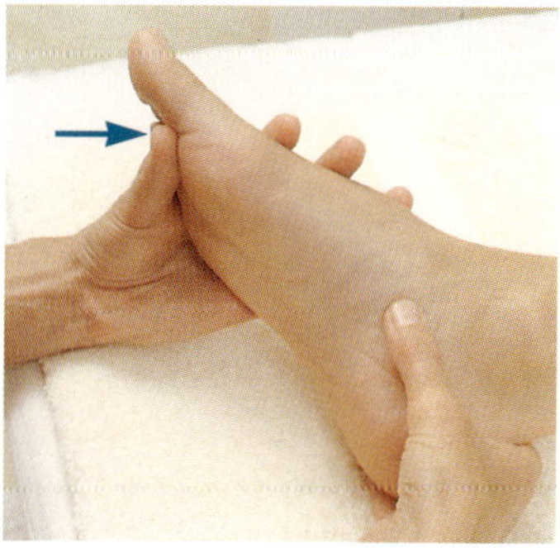

Druck auf die Nackenzone ausüben

Obere Lymphwege

12:20

Die Lymphgefäße sind feinste Gefäße, die gemeinsam mit den Blutgefäßen verlaufen. Wie ein zartes Netz umspinnen sie alle Zellen des Körpers und versorgen sie mit Nährstoffen. Täglich bildet der Körper dazu etwa zwei Liter Lymphflüssigkeit. Das Lymphsystem erfüllt zahlreiche Aufgaben. Die wichtigsten bestehen in der Abwehr von Krankheitserregern und im Abtransport von Stoffwechselprodukten. Ein aktives Lymphsystem ist daher lebenswichtig. Sind die Lymphwege „verstopft" oder zerstört, kommt es zu massiven Flüssigkeitsstauungen (Lymphödem) in den betroffenen Körperabschnitten. Eine Massage der entsprechenden Reflexzonen hält die Lymphwege in Schwung und fördert damit die körpereigene Abwehrkraft.

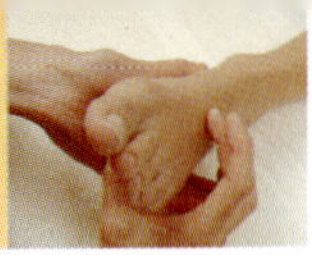

Lokalisation der Reflexzonen

Die Zone für die Achsellymphknoten liegt quer auf der Fußsohle, in Höhe des Grundgelenks des kleinen Zehs. Die Zonen für die Lymphknoten des Kopfbereichs befinden sich im Bereich der Hautfalten zwischen den einzelnen Zehen, den sogenannten Schwimmhäuten.

Die Reflexzonen für die oberen Lymphwege

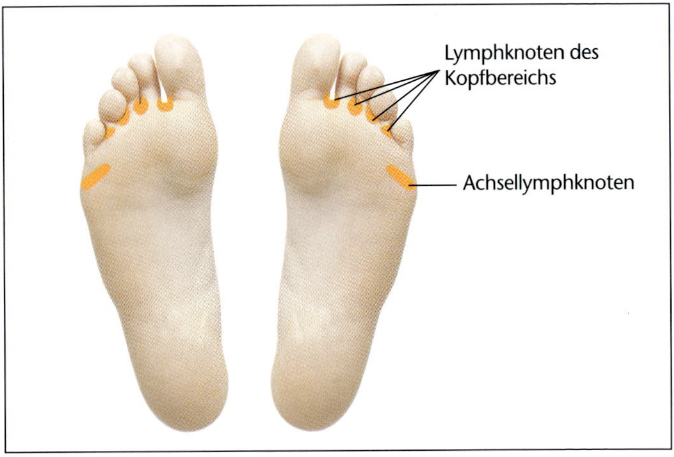

Massage der Lymphwegzonen

Daumengang auf den Zonen für die Achsellymphknoten

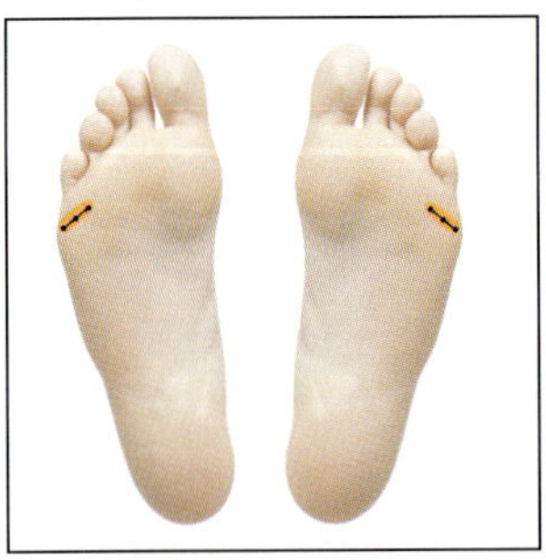

Die Kopflymphzonen zwischen den Zehen ausstreichen

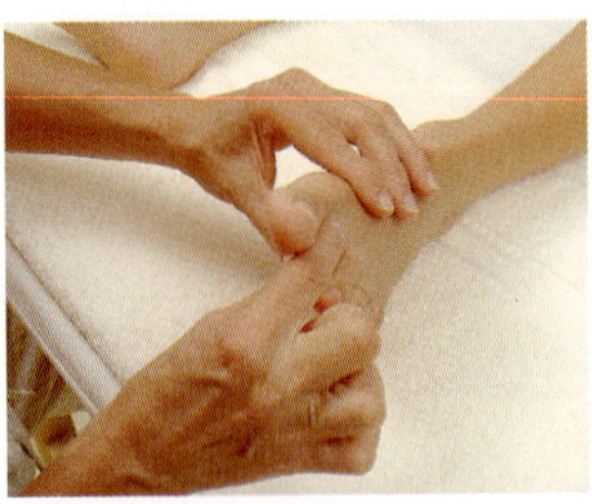

Die Massage der Zonen für die oberen Lymphwege erfolgt in zwei Phasen. Massieren Sie zunächst die Zonen für die Lymphknoten in der Achselhöhle. Dadurch werden diese Lymphgebiete aktiviert und können die im zweiten Schritt mobilisierte Lymphflüssigkeit weitertransportieren. Massieren Sie diese Zone mit dem Daumengang, ausgehend von der Fußaußenkante.

Im zweiten Schritt massieren Sie die Lymphzonen für den Kopfbereich. Beginnen Sie zwischen dem ersten und

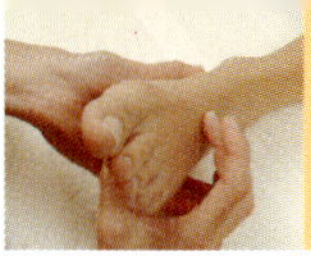

zweiten Zeh. Spreizen Sie vorsichtig die Zehen, nehmen Sie die Hautfalte im Pinzettengriff zwischen Zeigefinger und Daumen und ziehen Sie sanft nagelwärts. Wiederholen Sie dies nacheinander an den anderen Zehenzwischenräumen.

Schulter und Oberarm

13:30

Der Schultergürtel verbindet den Rumpf mit den Armen, er dient als Aufhängung der Arme. Verspannungen, die vom Nacken, den Armen oder dem oberen Rücken ausgehen, manifestieren sich in den Schultermuskeln. Anstrengende Tätigkeiten mit erhobenen Armen, Arbeiten am Bildschirm oder schlechte Körperhaltungen sind nur einige der Ursachen für schmerzhafte Beschwerden in diesem Bereich. Eine Massage der Reflexzonen auf dem Fuß harmonisiert und entspannt die gesamte Schultermuskulatur.

Lokalisation der Reflexzonen

Die Zone für den Schultergürtel zieht sich quer über den Fußballen und den vorderen Fußrücken.
An der Fußaußenkante in Höhe des Grundgelenks der Kleinzehe befindet sich die Zone für das Schultergelenk. Daran anschließend folgen die Zonen für Oberarm und Ellenbogen ebenfalls an der Fußaußenkante.

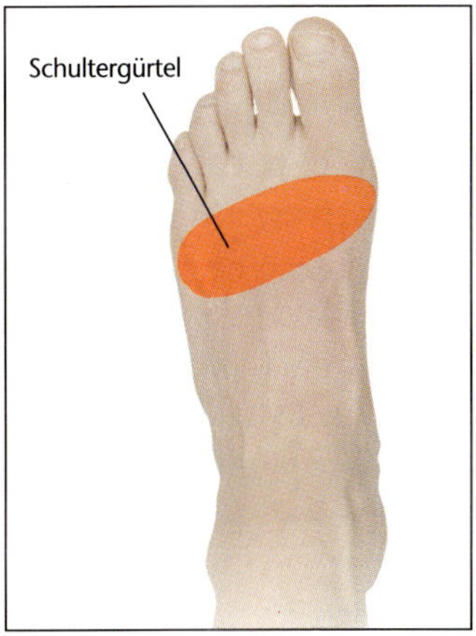

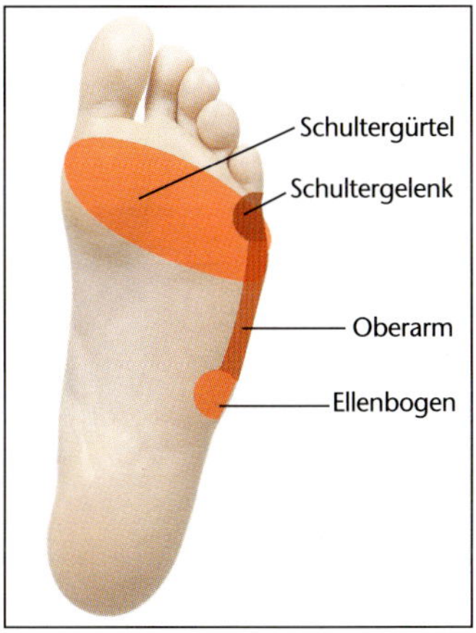

Die Reflexzonen für Schultern und Oberarm

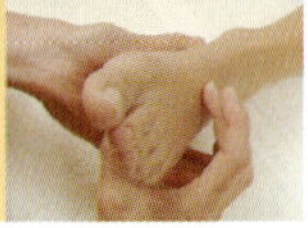

Massage der Schulterzonen

Beginnen Sie an der Zone für das Schultergelenk. Nehmen Sie die Fußaußenkante zwischen Daumen und Zeigefinger, üben Sie einen leichten Druck aus und drücken Sie Punkt für Punkt entlang der Zone für den Oberarm zur Ellenbogenzone.

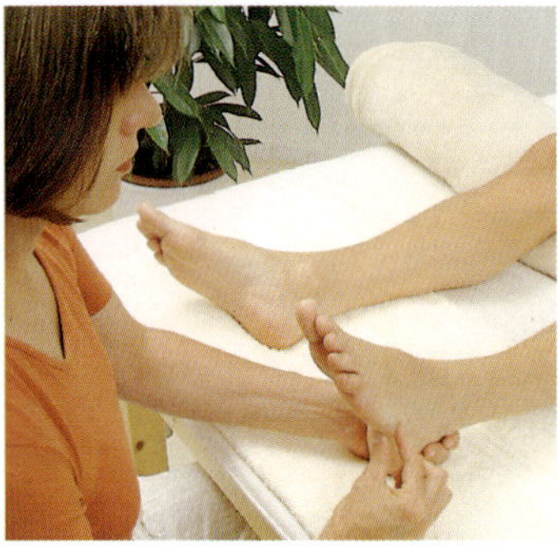

Punkt für Punkt Druck auf die Schulterzonen ausüben

Lockern Sie abschließend den gesamten Schultergürtel. Nehmen Sie dazu den Vorfuß zwischen beide Hände, und führen Sie mit ihnen leichte rüttelnde und reibende Bewegungen durch. Mit diesem kleinen Griff können Sie eine große Wirkung erzielen: Die rüttelnden Bewegungen übertragen sich auf den gesamten Körper und vermitteln ein angenehmes und entspanntes Gefühl.

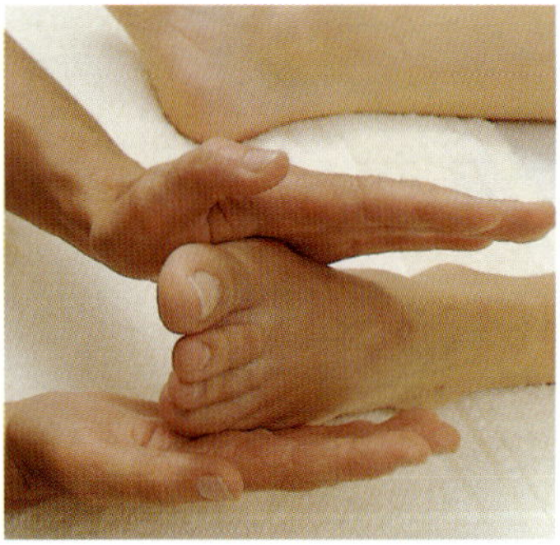

Den Vorfuß zwischen den Händen „rütteln"

Die Nackenzone, die unter der Großzehe liegt, sowie die Hals- und Brustwirbelsäulenzonen an der Fußinnenseite sollten aufgrund ihrer Verbindung zum Schultergürtel stets in die Schulterzonenmassage einbezogen werden. Nach der Lockerung bearbeiten Sie daher den Schultergürtel und die Nackenzone gemeinsam mit dem Daumengang.

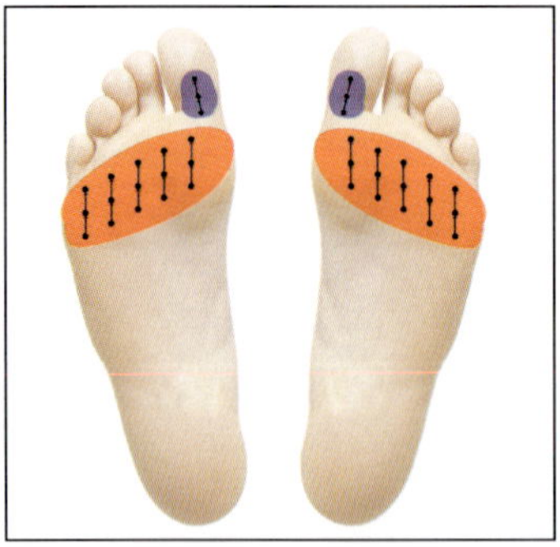

Die Schultergürtelzone mit Daumengang massieren

Massieren Sie die Schultergürtelzone in mehreren, kurzen Daumengängen Punkt für Punkt jeweils von unten nach

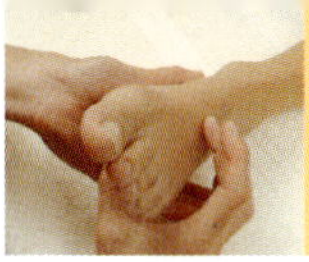

oben. Beginnen Sie an der Großzehe, und beziehen Sie hier die Nackenzone mit ein. Widmen Sie Ihre Aufmerksamkeit ganz besonders den Zwischenräumen zwischen den Mittelfußknochen.

Die Schulterzone bildet sich auch auf dem Fußrücken ab. Massieren Sie auch diese Zone in mehreren Raupengängen Punkt für Punkt, diesmal mit dem Zeigefinger. Mit der anderen Hand stützen Sie den Fuß ab.

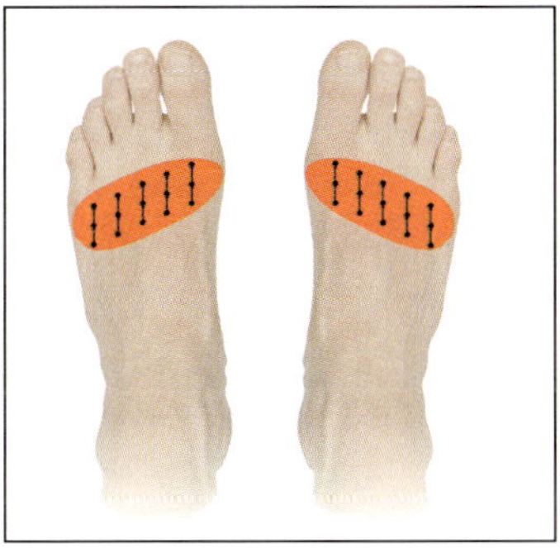

Auf dem Fußrücken den Zeigefingergang anwenden

Verdauungsorgane

14:30

Das Verdauungssystem kann man sich als einen langen Schlauch durch den Körper vorstellen: Er beginnt mit der Mundhöhle und endet mit dem After. Neben Mundhöhle, Speiseröhre, Magen und den verschiedenen Darmabschnitten gehören noch einige weitere wichtige Organe zum Verdauungsapparat: Leber, Bauchspeicheldrüse und Gallenblase. Die Aufgabe des Verdauungssystems ist das Zerkleinern und Auflösen der Nahrung in kleinste Bestandteile, die vom Darm in das Blut aufgenommen werden und somit den Körper mit lebensnotwendiger Energie und Nährstoffen für den Stoffwechsel versorgen. Die verdauten Speisereste werden schließlich über den Enddarm ausgeschieden. Die Massage der Reflexzonen des Verdauungsapparats

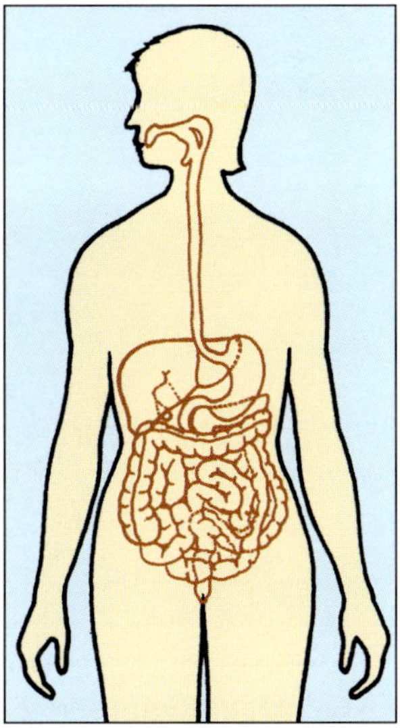

Der menschliche Verdauungsapparat

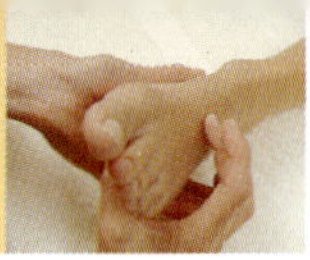

fördert und harmonisiert alle mit den Verdauungsorganen in Verbindung stehenden Funktionen.

Die Oberfläche des Magen-Darm-Trakts kommt über die zugeführte Nahrung direkt mit unserer Umwelt in Kontakt. Da die Nahrung, die wir zu uns nehmen, keinesfalls steril ist, ist leicht vorstellbar, welch eine wichtige Rolle der Magen-Darm-Trakt bei der Infektabwehr spielt. Das größte Immunsystem des Körpers steckt daher im Darm. In die Darmschleimhaut sind zahlreiche „Inseln“ (sogenannte Peyersche Plaques) eingelagert, die dazu da sind, krankheitserregende Keime abzuwehren. Es gibt aber auch „gute“ Keime, die dauerhaft im Darm leben und helfen, die Nahrung zu verdauen. Bei der Verdauung entstehen schließlich in nicht geringem Umfang auch Giftstoffe, die der Körper entsorgen muß. Wenn diese Aufgaben des Verdaungsapparats nicht reibungslos erledigt werden, können daraus unterschiedliche Erkrankungen entstehen. Eine gesunde, ausgewogene und regelmäßige Ernährung ist daher die Grundvoraussetzung für ein gesundes Verdauungssystem und hilft damit, Krankheiten vorzubeugen.

Der Darm ist Teil des Immunsystems

Lokalisation der Reflexzonen

Die Reflexzonen für die Verdauungsorgane sind teilweise auf beiden Füßen unterschiedlich

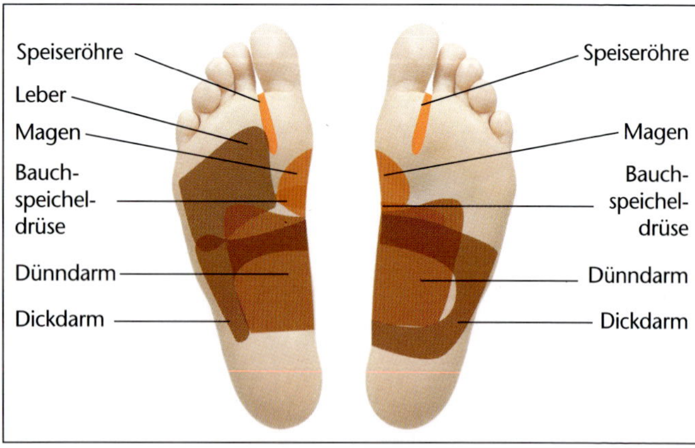

Die Zone für die Speiseröhre liegt zwischen dem Ansatz der ersten und zweiten Zehe. Sie verläuft zwischen den ersten beiden Mittelfußknochen.

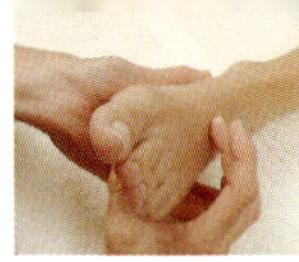

Die Magen- und Bauchspeicheldrüsenzonen liegen am Fußinnenrand. Die Leberzone nimmt eine große Fläche ein. Da die Leber in der rechten Körperhälfte liegt, befindet sich die entsprechende Leberzone über den Mittelfußknochen der rechten Fußsohle. In die Leberzone eingebettet ist auch das Areal für die Gallenblase.
Die Dünndarmzone ist eine große, flächige Zone im Innenfußbereich. Das ausgedehnte Dünndarmareal wird „umrahmt" von den verschiedenen Dickdarmabschnitten. Die verschiedenen Zuordnungszonen für den Dickdarm erstrecken sich gemäß dem Verlauf des Dickdarms im Bauchraum in unterschiedlicher Ausdehnung über beide Füße hinweg.

Massage der Zonen des Verdauungstrakts

Führen Sie zur Einstimmung zunächst einige Quer- und Längsstreichungen über den Verdauungszonen durch, bevor Sie sich die Zonen im einzelnen vornehmen.
Setzen Sie dafür zuerst beide Daumen zusammen auf die imaginäre Mittellinie der Fußsohle, und ziehen Sie die Daumen dann mit leichtem Druck nach außen, als wollten Sie den Fuß „öffnen". Fangen Sie mit diesen Querstreichungen unmittelbar unter dem vorderen Fußballen an, und wandern Sie nach jeder Streichung ein Stück tiefer bis unmittelbar vor die Ferse. Führen Sie anschließend mit beiden Händen noch einige Sandwich-Streichungen über die Länge des Fußes durch.

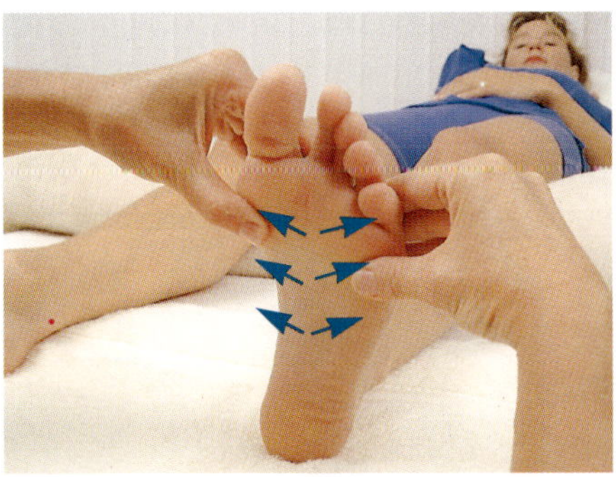

Zur Einstimmung: Querstreichungen durchführen

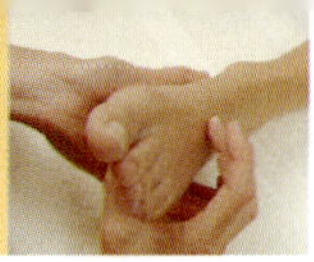

Die Reflexzonen für Speiseröhre, ...

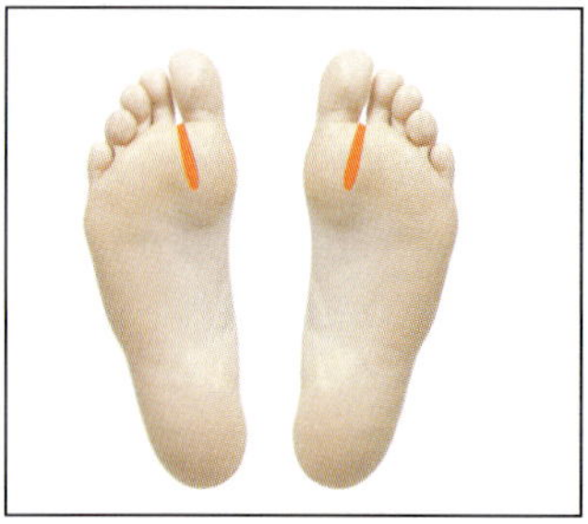

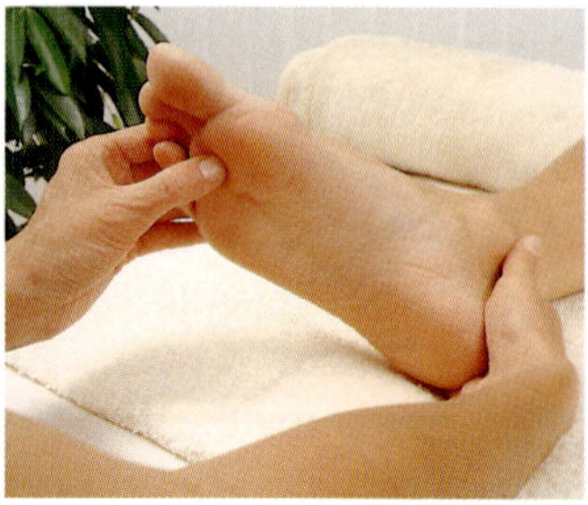

Massieren Sie nun mit dem Daumengang Punkt für Punkt die Zone für die Speiseröhre.

...Magen, Bauchspeicheldrüse und Dünndarm mit Daumengang massieren

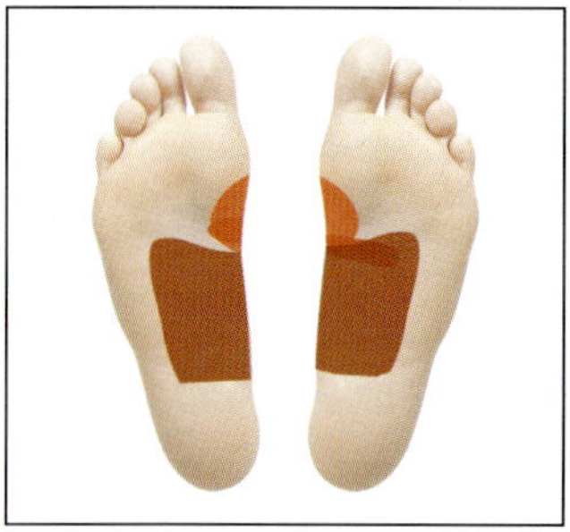

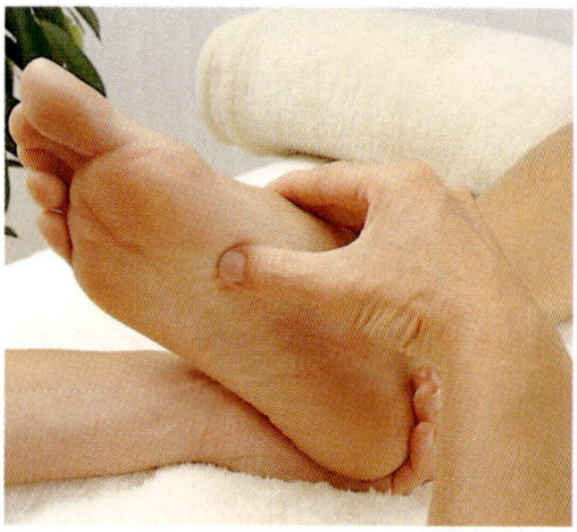

Greifen sie dann um, und massieren Sie mit der anderen Hand ebenfalls mit dem Daumengang vorsichtig die Zonen für den Magen und die Bauchspeicheldrüse. Abschließend bearbeiten Sie das Zuordnungsgebiet für den Dünndarm. Gehen Sie bei diesem großen Bezirk in mehreren kurzen Daumengängen jeweils von der Ferse in Richtung Zehen vor, damit Sie keine Stelle auslassen.

Die Zone für den Dickdarm mit Daumengang entlangwandern

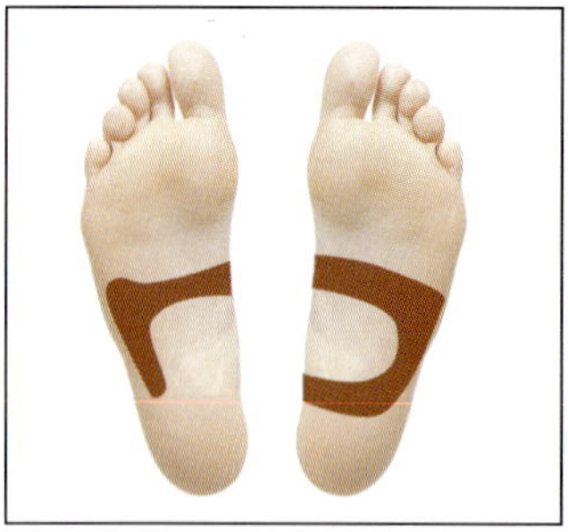

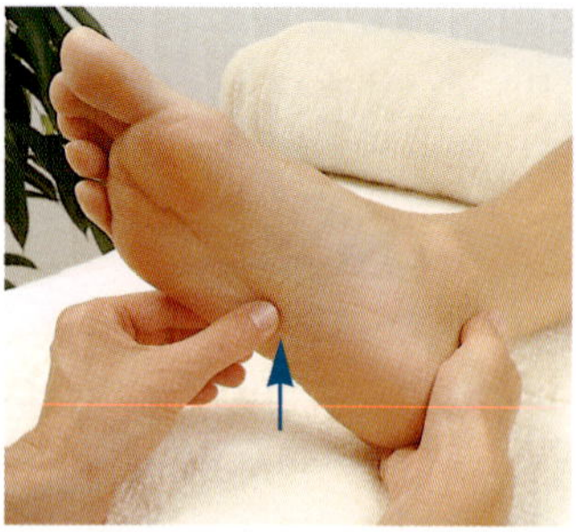

Anschließend massieren Sie die Dickdarmzone. Beginnen Sie am untersten Punkt des aufsteigenden Astes am rechten Fuß. Dieser liegt am Fußaußenrand über dem Fersenbein. Wandern Sie mit dem Daumengang Punkt für Punkt in

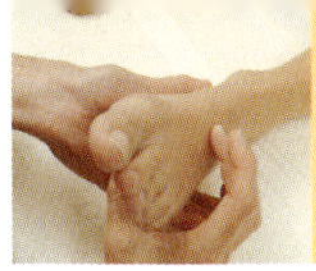

Richtung Zehen. Am tastbaren Beginn des äußersten Mittelfußknochens massieren Sie quer bis zum Fußinnenrand.

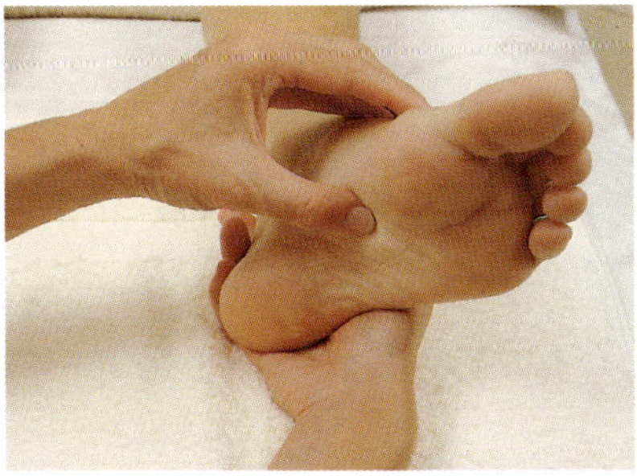

Die Dickdarmzone später auch auf dem linken Fuß massieren

Den restlichen Dickdarmbereich bearbeiten Sie, wenn Sie den linken Fuß massieren. Beginnen Sie dann an der Fußinnenkante, wandern Sie mit dem Daumengang quer hinüber zur Fußaußenkante und an dieser entlang wieder in Richtung Ferse, bis Sie auf das Fersenbein stoßen. Von dort aus massieren Sie wieder quer über die Fußsohle in Richtung Fußinnenkante.
Schließen Sie die Massage der Verdauungszonen wieder mit einigen Quer- und Sandwich-Streichungen ab.

Beckenorgane und Harnwege

17:30

Die Nieren stellen das wichtigste Ausscheidungsorgan des Körpers dar. Täglich filtern sie rund 1500 Liter Blut. Als Ergebnis ihrer Leistung gelangen täglich eineinhalb bis zwei Liter Harn über die Harnleiter zur Blase und werden dort ausgeschieden. Fünf Prozent des Harns bestehen aus Stoffwechselendprodukten und Fremdstoffen, die ausgeschieden werden müssen. Die Nieren sind aber auch an zahlreichen anderen Aufgaben in unserem Körper beteiligt, z.B. an der Regulation des Blutdrucks, der Bildung von roten Blutkörperchen und der Regulation des Wasserhaushalts, um nur einige Funktionen zu nennen. Würden beide Nieren gleichzeitig ihren Dienst versagen, so würde ohne ärztliche Therapie nach kurzer Zeit der Tod eintreten.

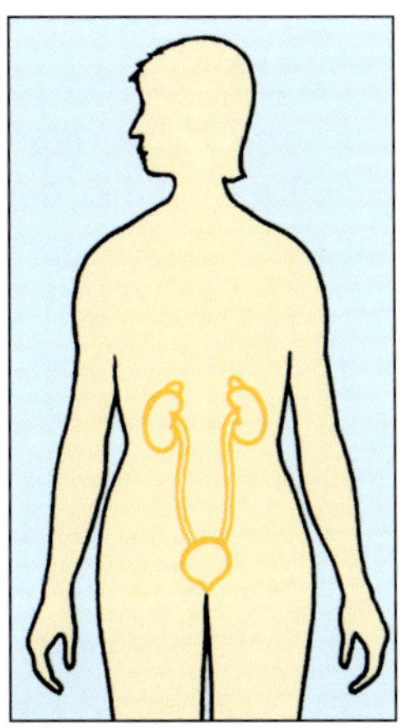

Nieren, Harnwege und Blase des Menschen

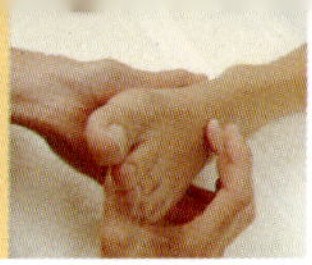

Lokalisation der Reflexzonen

Die Reflexzonen für Nieren und Harnleiter

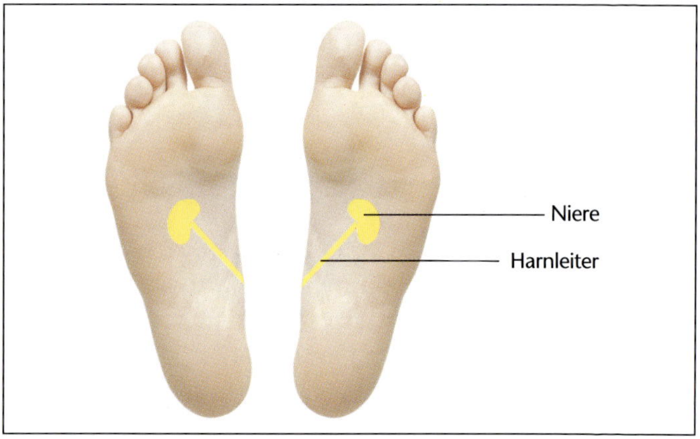

Die Zuordnungszone für die Niere befindet sich fast in der Mitte des Fußgewölbes, an der Basis des zweiten und dritten Mittelfußknochens. Die Harnleiterzone verläuft von hier schräg zum Fußinnenrand.

Die Reflexzonen für die Beckenorgane

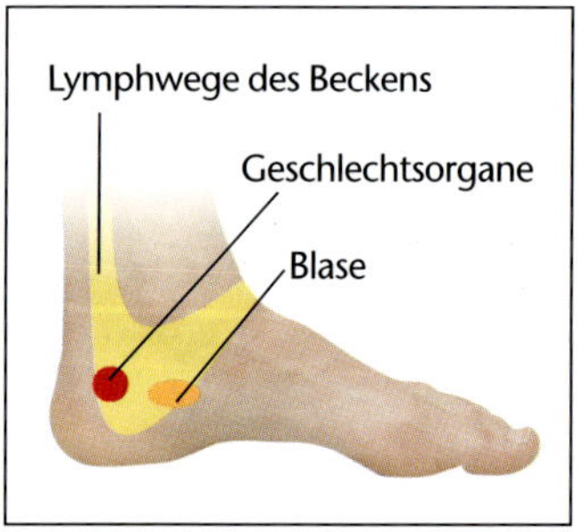

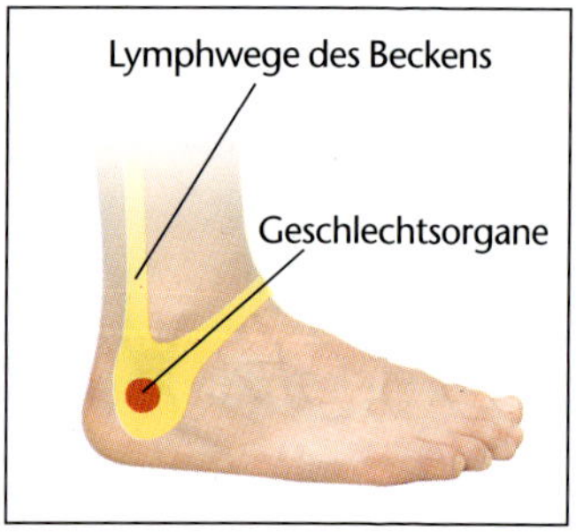

Die Zone für die Blase liegt am Fußinnenrand unterhalb des Knöchels. Die Zonen für die Lymphwege des Beckens verlaufen um die Innen- und Außenknöchel. Die Zonen für die Geschlechtsorgane (Eierstöcke und Gebärmutter bzw. Prostata und Hoden) liegen auf der Fußinnen- und -außenseite zwischen Knöchel und Ferse.

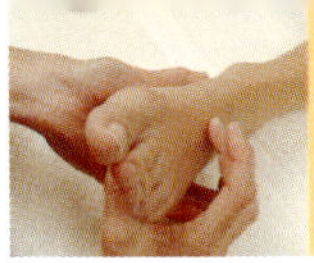

Massage der Becken- und Harnwegszonen

Legen Sic zunächst Ihren Daumen auf die Nierenzone in der Mitte der Fußsohle, und üben Sie einen ganz leichten, konstanten Druck aus.

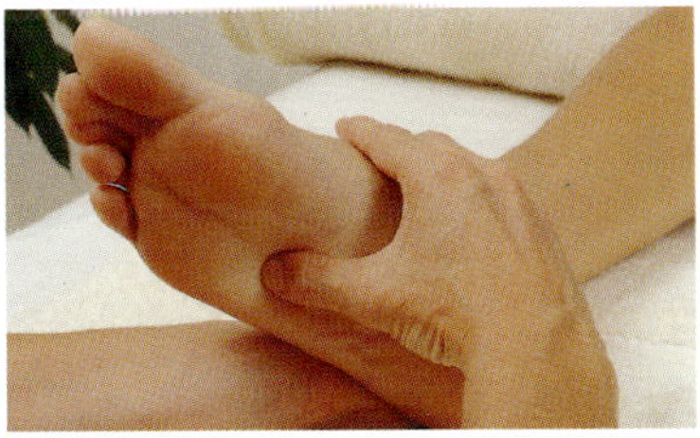

Druck auf die Nierenzone ausüben

Streichen Sie dann mit leichtem Druck über die Harnleiterzone zur Fußinnenkante hin aus. Alternativ können Sie auch das gesamte Gebiet der Nieren- und Harnleiterzone mit dem Daumengang bearbeiten. Üben Sie auch hier nur einen sehr leichten Druck aus, da die Nierenzonen häufig sehr empfindlich sind.

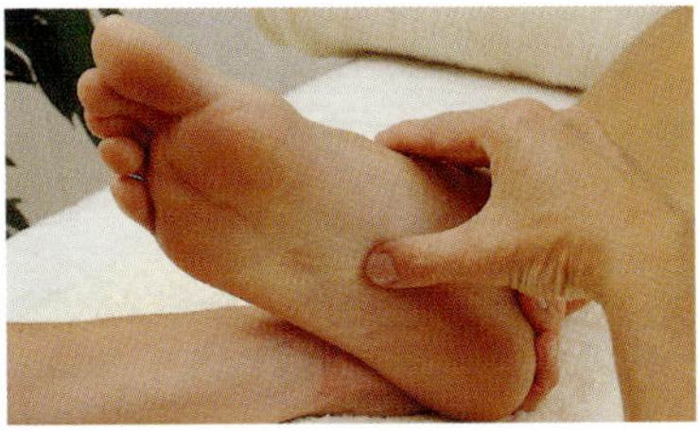

Die Harnleiterzone zur Fußinnenseite hin ausstreichen

Anschließend massieren Sie die Blasenzone. Sie finden sie ein bis zwei Zentimeter unterhalb des Knöchels an der Fußinnenseite. Legen Sie die Kuppe Ihres Zeigefingers oder Daumens auf diesen Bezirk, und üben Sie vorsichtig Druck aus, indem Sie den Finger im letzten Glied beugen.

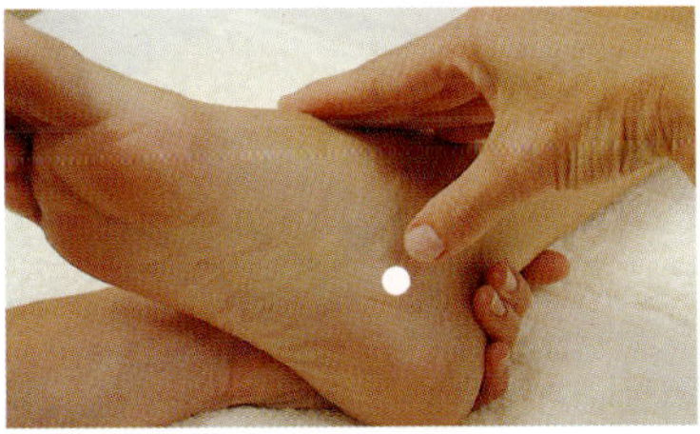

Druck auf die Blasenzone ausüben

Die Lymphwege des Beckens massieren Sie im Raupengang mit dem Zeigefinger. Wandern Sie, leichten Druck ausübend, Punkt für Punkt die gesamte Zone ab. Fangen Sie auf der Blasenzone an der Fußinnenseite an, und wandern Sie langsam in Richtung Ferse und wieder zurück.

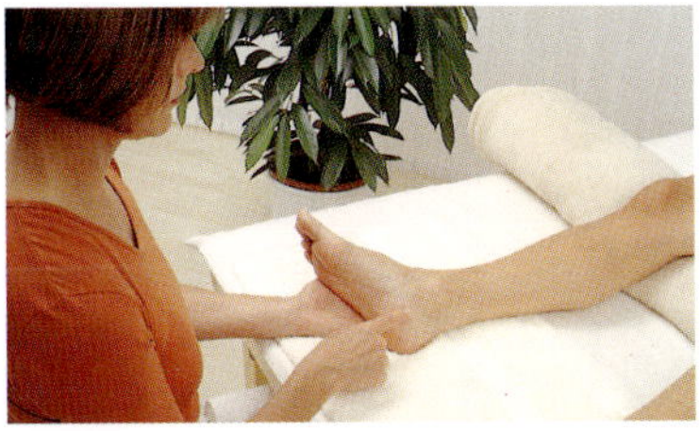

Im Raupengang die Zonen für die Lymphwege entlangwandern

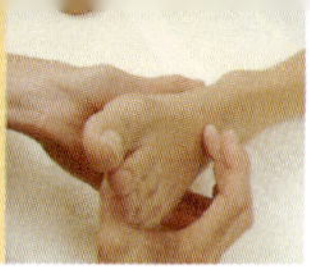

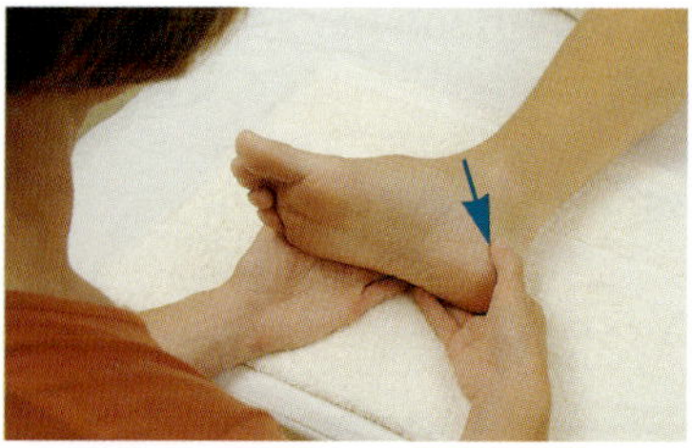

Druck auf die Zone für die Geschlechtsorgane ausüben

Legen Sie nun noch den Daumen auf die Zone für die Geschlechtsorgane an der Fußinnenseite, und üben Sie sanft Druck auf diese aus.

Sie können nun noch mit dem Zeigefinger-Raupengang auf der Zone für die Lymphwege des Beckens entlang über den Fußrücken auf die Außenseite des Fußes wandern. Umrunden Sie auch dort den Knöchel bis zur Ferse und kehren Sie wieder zurück an den Ausgangspunkt. Auch auf der Fußaußenseite können Sie Ihren Daumen auf die Zone für die Geschlechtsorgane auflegen und leichten, konstanten Druck ausüben.

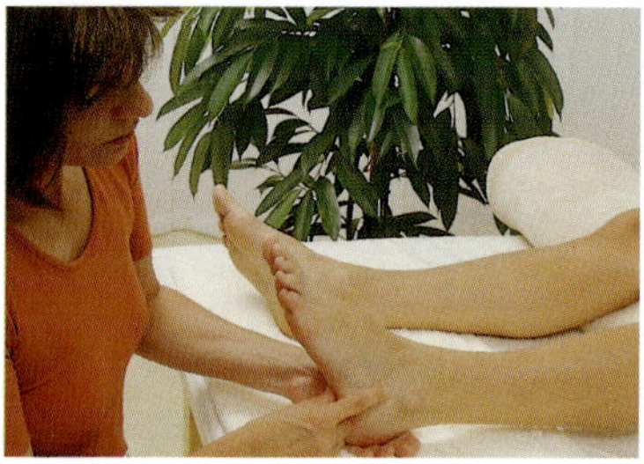

Abschließend die Zonen für die Lymphwege auf der Fußaußenseite massieren

19:15 

Solarplexus (Sonnengeflecht) und Brustorgane

Die Brustorgane Lunge und Herz sowie die großen Blutgefäße, die von diesen ausgehen, werden von den Rippen und der Muskulatur des Brustkorbs geschützt. Die Atemluft gelangt über den Nasen- und Rachenraum, die Luftröhre und die Bronchien in die Lunge. Dort findet der Gasaustausch zwischen Atemluft und Blut statt: Der Sauerstoff der Atemluft gelangt in das Blut, im Austausch wird Kohlendioxid an die Atemluft abgegeben.

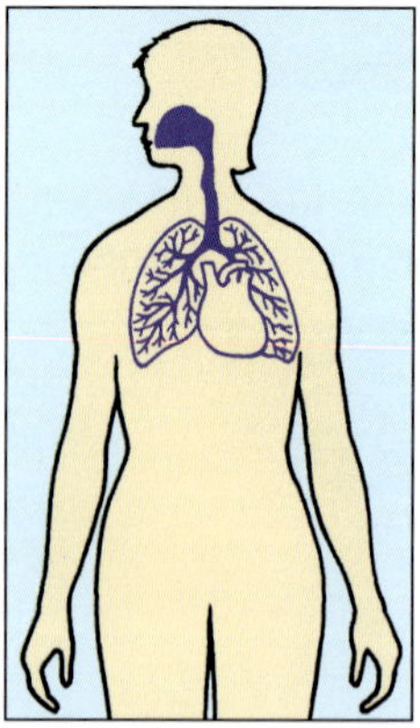

Die Atmungsorgane des Menschen

Nach unten wird die Brusthöhle vom Bauchraum durch das Zwerchfell abgegrenzt. Das Zwerchfell ist ein kräftiger Muskel, der die Atemtätig-

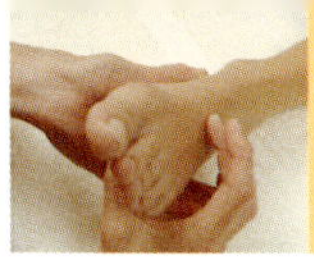

keit unterstützt, indem er sich bei der Einatmung senkt und damit den Brustraum erweitert.

Der Solarplexus (Sonnengeflecht) ist eine große Ansammlung von Nervenzellen, die für die Funktion des „vegetativen Nervensystems“ mitverantwortlich sind. Das vegetative Nervensystem steuert alle Vorgänge im Körper, die wir nicht willkürlich beeinflussen können, also z.B. den Herzschlag und die Verdauung. Eine Massage der Zone für das Sonnengeflecht wirkt in besonderem Maße harmonisierend auf das vegetative Nervensystem.

Lokalisation der Reflexzonen

Die Zone für den Solarplexus liegt in der Vertiefung der Fußsohle unterhalb des Fußballens auf dem zweiten und dritten Mittelfußknochen.

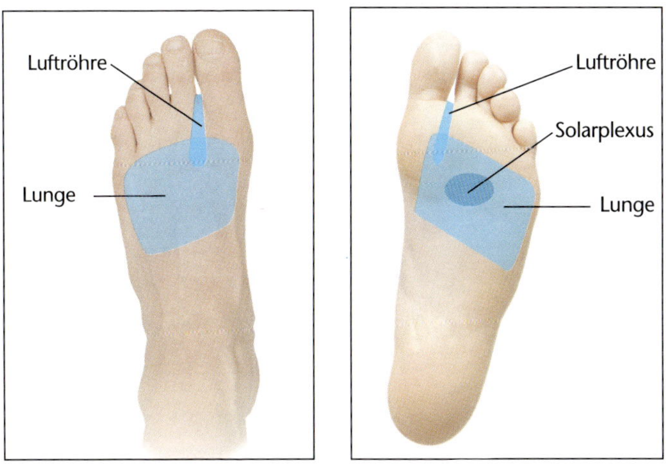

Die Reflexzonen für die Atmungsorgane und den Solarplexus

Die Zone für die Luftröhre und die Bronchien erstreckt sich wie die Speiseröhrenzone vom Zwischenraum der ersten beiden Zehengrundgelenke bis zur Mitte der Mittelfußknochen. Die Lungenzone breitet sich auf der Fußsohle und dem Fußrücken weiträumig über alle Mittelfußknochen hinweg aus.

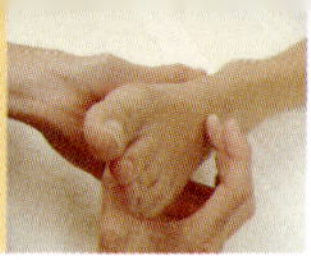

Massage der Zonen des Solarplexus und der Brustorgane

Massieren Sie die Luftröhren- und Bronchienzone auf der Fußsohle genau wie die Zone für die Speiseröhre Punkt für Punkt mit dem Daumengang. Das Zuordnungsgebiet für die Lunge ist weiträumiger. Bearbeiten Sie es ebenfalls nach und nach mit dem Daumengang. Die Lungenzone auf dem Fußrücken massieren Sie mit Fingerstreichungen. Legen Sie dazu die Finger der massierenden Hand in die einzelnen, auf dem Fußrücken gut tastbaren Zwischenräume der Mittelfußknochen. Streichen Sie nun diese Zwischenräume mit sanftem Druck der Fingerspitzen langsam mehrmals hintereinander zehenwärts aus. Suchen Sie anschließend die Zone für das Sonnengeflecht auf. Drücken Sie diese Zone sanft und vorsichtig mit konstantem Druck mit dem Daumen. Sie können diese Technik auch zum Abschluß der Massage an beiden Füßen parallel durchführen.

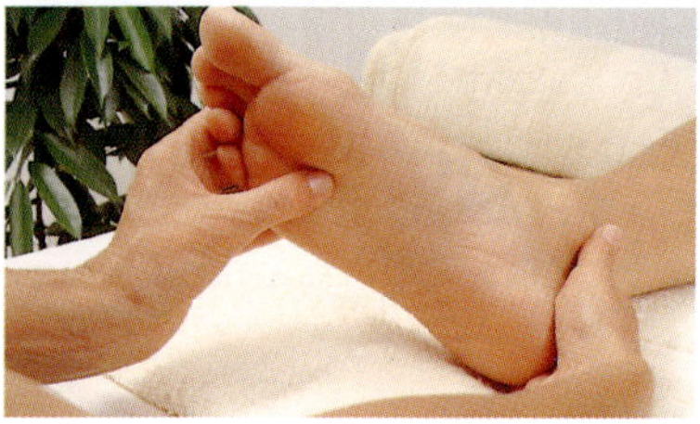

Mit Daumengang die Zonen auf der Fußsohle massieren

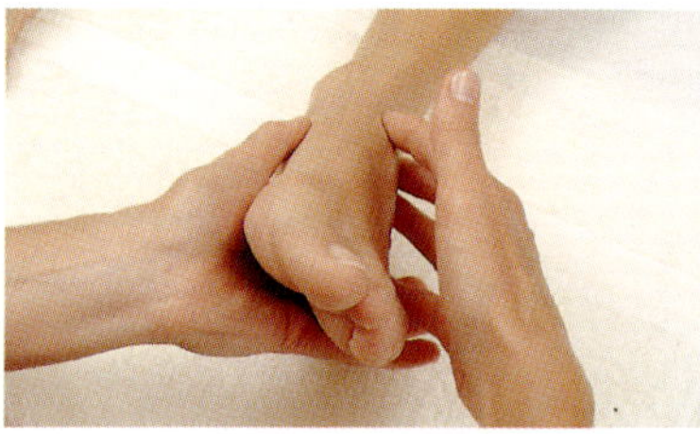

Die Lungenzone auf dem Fußrücken mit den Fingern ausstreichen

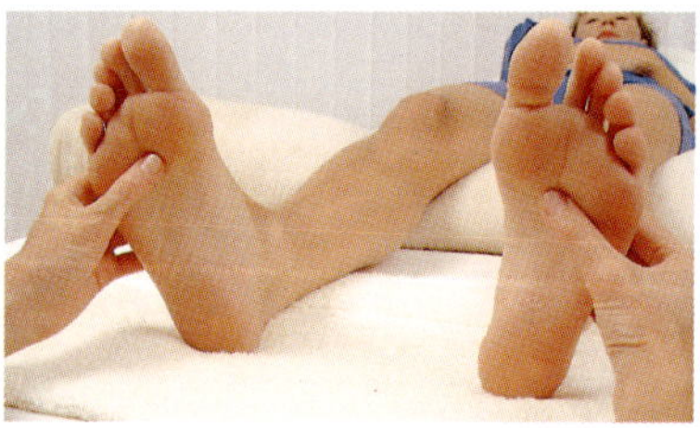

Die Zone für den Solarplexus mit dem Daumen sanft drücken

Wirbelsäule

19:50

Die Wirbelsäule ist das knöcherne Gerüst, das tragende Element unseres Rumpfes. Sie besteht aus mehreren Abschnitten: Halswirbelsäule, Brustwirbelsäule, Lendenwirbelsäule, Kreuz- und Steißbein.

Zahlreiche Muskeln verbinden die Wirbelsäule mit dem Rumpf und den Gliedmaßen. Eine ungesunde Körperhaltung, Fehlbelastungen und eintönige, „rückenfeindliche“ Tätigkeiten können die Wirbelsäule überlasten und andauernde Beschwerden verursachen. Rückenschmerzen sind, begünstigt durch unsere bewegungsfeindliche Lebensweise, zu einer Volkskrankheit angewachsen. Eine Massage der Reflexzonen für die Wirbelsäule entspannt die Muskeln, lindert Beschwerden und kann somit eine willkommene Wohltat sein.

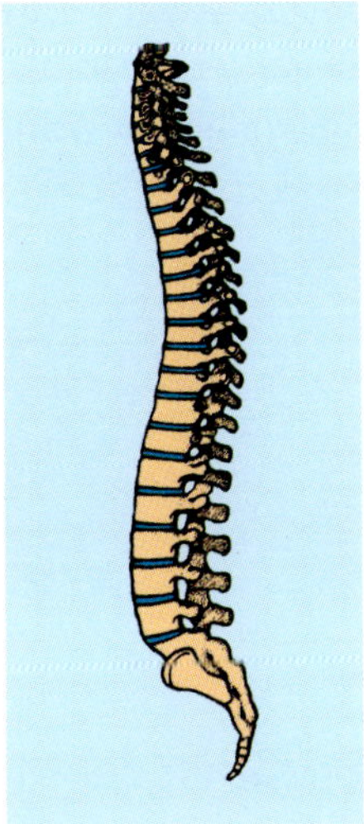
Die menschliche Wirbelsäule

Lokalisation der Reflexzonen

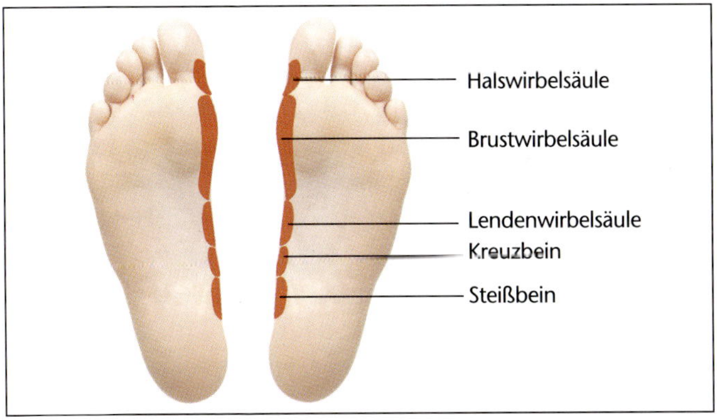

Die Zonen für die einzelnen Wirbelsäulenabschnitte

Die Reflexzonen für die Wirbelsäule liegen an der Innenseite des Fußes, am Übergang des Fußrückens zur Fußsohle. Die Halswirbelsäulenzone erstreckt sich entlang des Grundglieds der Großzehe. Die Brustwirbelsäulenzone verläuft an der Seite des ersten Mittelfußknochens, die Zonen für die übrigen Wirbelsäulenabschnitte schließen sich in Richtung Ferse an.

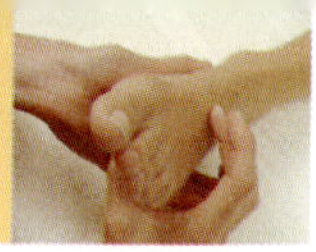

Massage der Wirbelsäulenzonen

Beginnen Sie in der Zone für die Kreuzbeinregion, und massieren Sie mit dem Daumengang Punkt für Punkt über die Zonen der Lenden- und Brustwirbelsäule bis zur Halswirbelsäule in Richtung der Zehen. Zum Abschluß können Sie noch einige Sandwich-Streichungen durchführen.

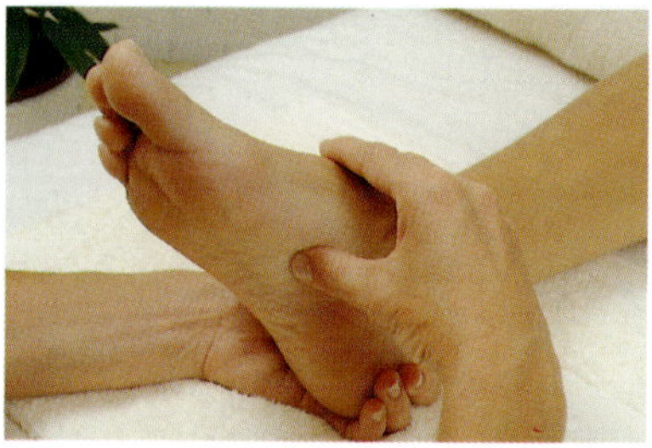

Mit Daumengang auf den Wirbelsäulenzonen entlangwandern

21:35

Beenden der Massage

Nachdem Sie alle Zonen an beiden Füßen massiert haben, streichen Sie wie bei der Einstimmung auf die Massage noch einmal die Beine aus (siehe S. 29). Danach stehen Ihnen verschiedene Möglichkeiten offen, wie Sie die Massage abschließen können:

- Suchen Sie an beiden Füßen die Zone für den Solarplexus auf. Drücken Sie beide Zonen parallel sanft und vorsichtig mit je einem Daumen (siehe S. 52).
- Schieben Sie die nach oben gedrehten Handflächen unter die Fersen, und halten Sie die Fersen ein bis zwei Minuten mit beiden Händen umschlossen (siehe S. 36).
- Legen Sie Ihre Hände auf die beiden Fußrücken und lassen Sie sie dort ein bis zwei Minuten verweilen (siehe S. 28).

Mit der Zeit werden Sie Ihre Vorlieben und die Ihres Partners oder Ihrer Partnerin für die zur Einstimmung und Verabschiedung angewendeten Massagegriffe kennenlernen. Nach der Reflexzonenmassage sollte Ihre Partnerin oder Ihr Partner noch eine halbe Stunde nachruhen und das entspannte Gefühl genießen können.

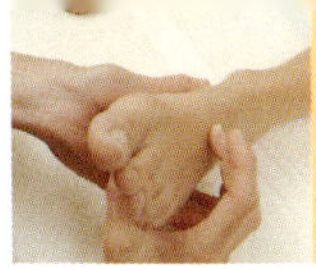

Anwendungsbeispiele

22:05

Es gibt einige sehr gute Anwendungsmöglichkeiten der Fußreflexzonenmassage, bei denen eher allgemeine und unspezifisch wirkende Griffe eingesetzt werden. Für die folgenden Beispiele benötigen Sie nur einen geringen Zeitaufwand von etwa zehn Minuten. Sie können sie daher bei passenden Gelegenheiten leicht ausprobieren, um Ihren Partner bzw. Ihre Partnerin oder auch sich selbst zu entspannen und sich etwas Gutes zu tun.

Vitalisierende Massage

22:20

Die vitalisierende Massage ist für zwischendurch gedacht und leicht durchzuführen. Wenn Ihr Partner oder Ihre Partnerin nach einem anstrengenden Tag müde oder abgespannt ist und Sie ihn oder sie wieder fit machen möchten, hilft es, eine anregende Fußmassage zu verabreichen.

Führen Sie zunächst einige Sandwich-Streichungen durch. Nehmen Sie hierzu den Fuß flächig zwischen Ihre beiden Hände. Streichen Sie dann mit beiden Händen über den ganzen Fuß bis über die Zehen hin aus.

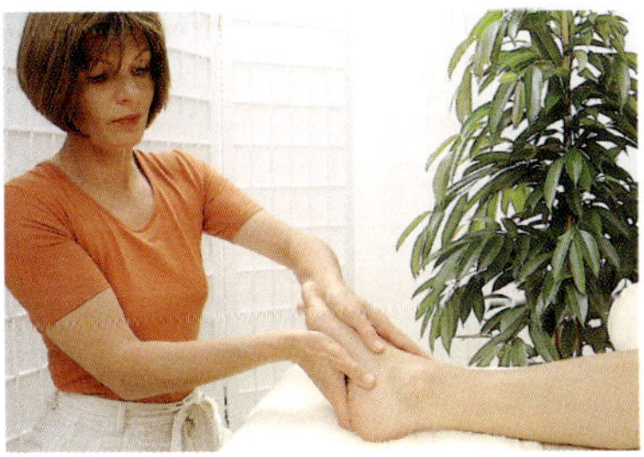

Zur Einstimmung beidhändig den Fuß ausstreichen

Massieren Sie nun die Fußsohle vorsichtig mit Ihren Fingerknöcheln. Ballen Sie hierzu locker die Faust, setzen Sie die Knöchel auf Höhe des vorderen Fußballens

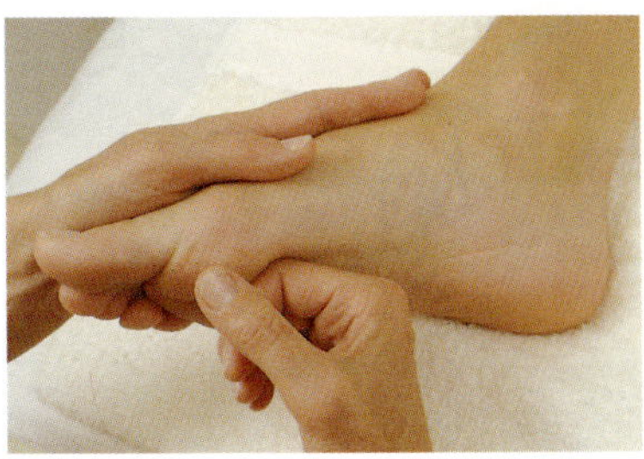

Mit den Knöcheln vorsichtig die Fußsohlen reiben

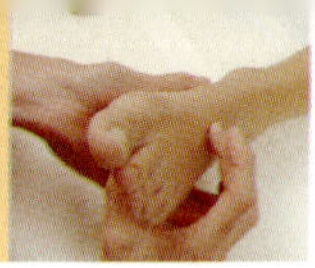

auf und reiben Sie, indem Sie die Faust im Handgelenk nach unten drehen. So streichen Sie die Fußsohle nach und nach fersenwärts mit Ihren Fingerknöcheln aus. Üben Sie nicht zuviel Druck aus, denn diese Massagetechnik soll sich angenehm anfühlen.

Nehmen Sie den Fuß in beide Hände und führen Sie Querstreichungen mit den Daumen an der Fußsohle durch. Legen Sie dazu beide Daumen nebeneinander auf die Mittellinie der Fußsohle, beginnen Sie unter dem Fußballen. Führen Sie jetzt von der Mittellinie nach außen mit leichtem Druck Querstreichungen mit beiden Daumen durch. Setzen Sie die Daumen nach jeder Streichung ein Stück weiter in Richtung Ferse an (siehe auch S. 45).

Querstreichungen auf der Fußsohle durchführen

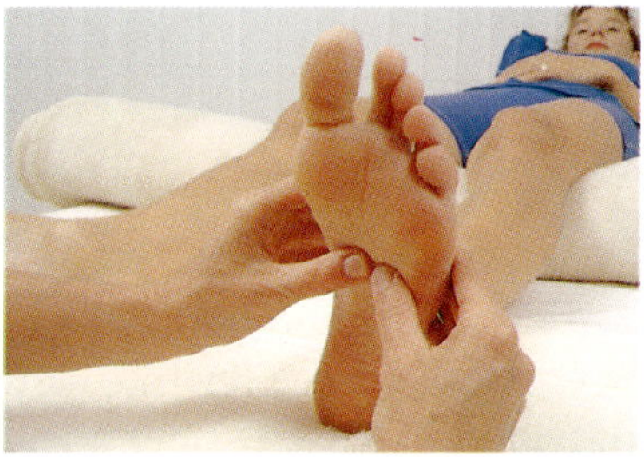

Nehmen Sie nun den Vorfuß zwischen Ihre Hände, und führen Sie leicht rüttelnde Bewegungen durch (siehe auch S. 42).

Den Vorfuß sanft rütteln

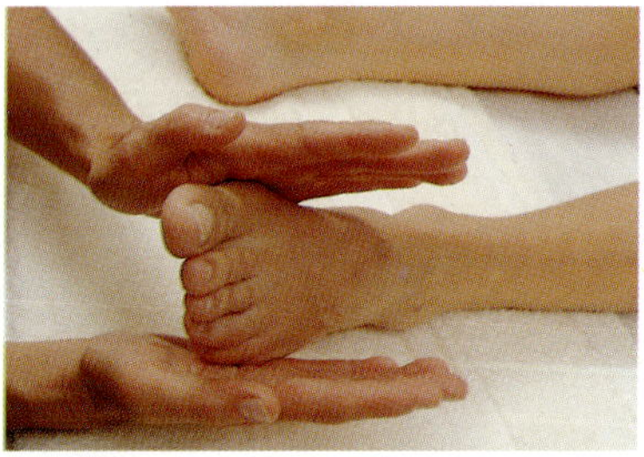

Führen Sie danach noch einige Sandwich-Streichungen durch, und massieren Sie dann den anderen Fuß auf die gleiche Weise. Lassen Sie zum Abschluß Ihre Hände noch einen Moment auf dem Fußrücken liegen.

Abschließend die Hände auf die Fußrücken legen

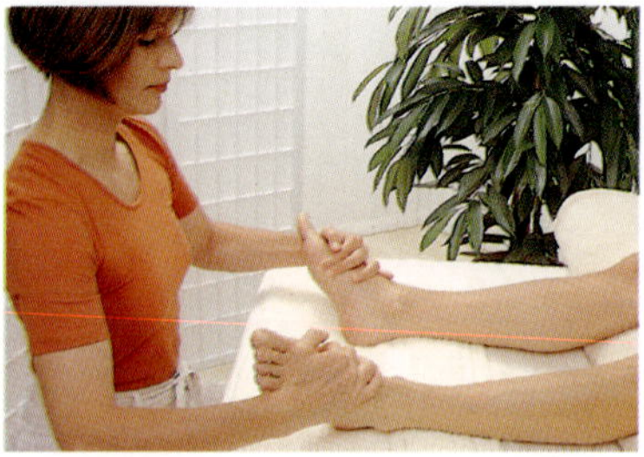

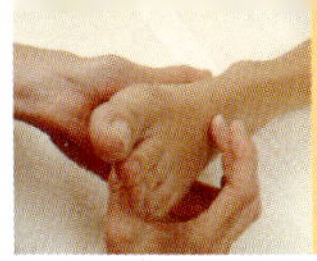

Leitfaden vitalisierende Massage
- Sandwich-Streichungen
- vorsichtige Massage mit den Knöcheln
- Querstreichungen
- Rüttelungen
- Sandwich-Streichungen
- Fuß wechseln
- Hände auflegen

Massage bei Nervosität

24:20

Bevorstehende Prüfungen, Vorstellungsgespräche, schwierige Verhandlungen oder Gespräche gehen oft einher mit Unruhe und Nervosität. Sie spüren, wie Ihr Herz schlägt und Ihnen flau im Magen wird. Dabei wären Ruhe, Gelassenheit und Umsicht in solchen Situationen viel hilfreicher. Gerade innere Unruhe und Nervosität können Sie mit einigen Griffen an den Füßen zumindest positiv beeinflussen. Die gründliche Vorbereitung auf prüfungsähnliche Ereignisse kann eine Massage natürlich nicht ersetzen. Sollte aber die Möglichkeit für eine kurze Massage bestehen, z.B. vor einem Vorstellungsgespräch, können Sie die folgenden einfachen Griffe anwenden.

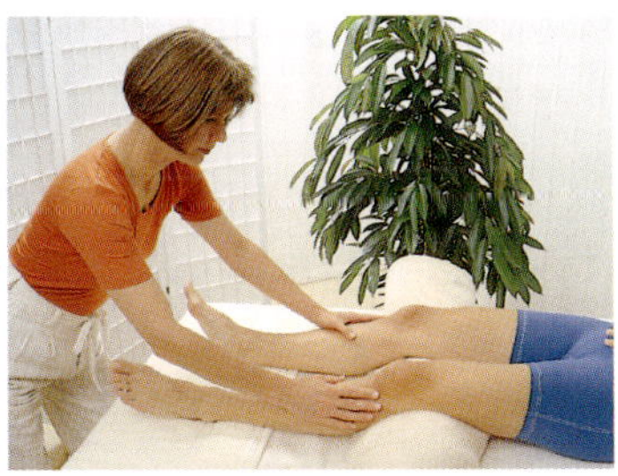

Zuerst beide Beine,...

Führen Sie als erstes einige Ausstreichungen der Beine durch. Streichen Sie dazu mit beiden Handflächen von den Knien über die Schienbeine bis zu den Füßen hin aus. Diese Bewegungen erfolgen gleitend und sanft.

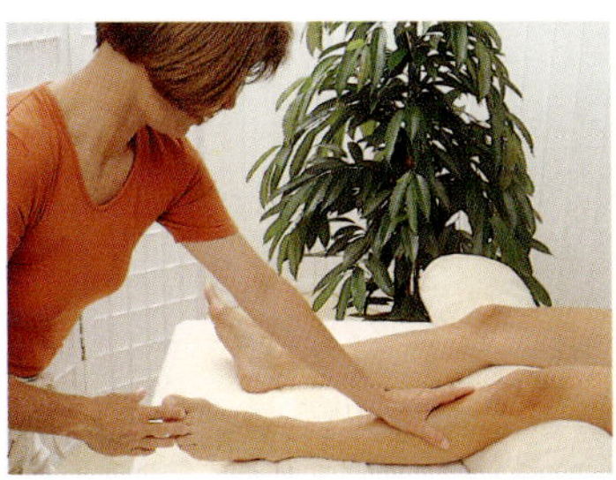

...dann jedes Bein einzeln ausstreichen

Danach streichen Sie jeweils ein Bein Hand über

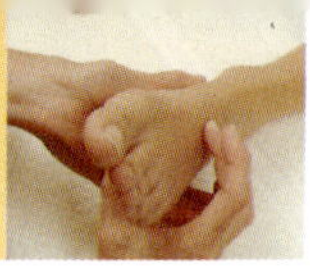

Hand aus. Führen Sie dies ruhig zehn- bis zwanzigmal durch, aber wirklich sehr bedächtig und langsam.

Abschließend die Fersen in den Händen halten

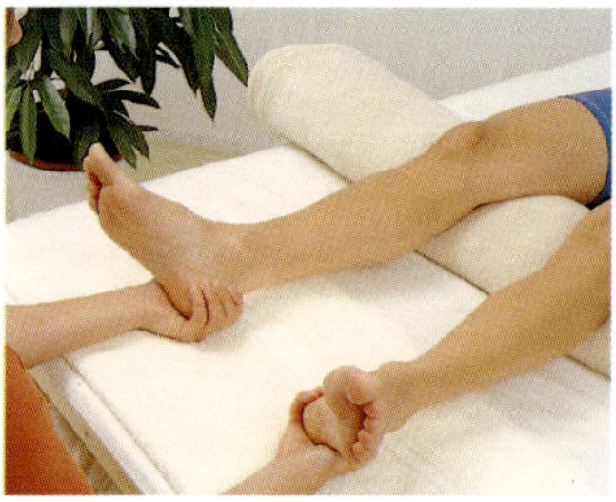

Zuletzt schieben Sie Ihre Hände unter die Fersen und halten diese einfach zwei bis drei Minuten in Ihren Händen. Heben Sie die Fersen bei diesem Griff nicht an, Hände und Fersen ruhen auf der Unterlage.

Leitfaden Massage bei Nervosität

- Beide Beine ausstreichen
- Beine einzeln ausstreichen
- Fersen halten

Selbstmassage

25:45

Natürlich können Sie Ihre Füße auch selbst massieren. Eine Fußmassage zwischendurch belebt und erfrischt. Begeben Sie sich dazu in eine für Sie angenehme Position, in der Sie Ihre Füße bequem erreichen können.

Zur Einstimmung den Fuß ausstreichen

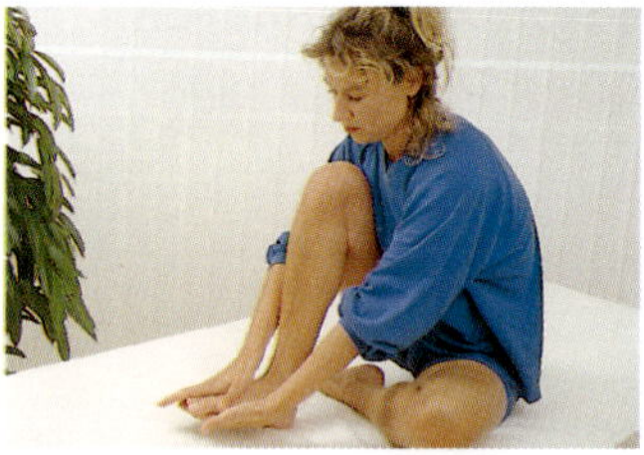

Beginnen Sie zunächst mit einigen Streichungen. Streichen Sie mit beiden Händen von den Knöcheln bis zu den Fußspitzen. Sie können den Druck ganz nach Ihrem eigenen Wohlempfinden dosieren.

Mit beiden Händen sanft den Fuß pressen

Pressen Sie nun sanft Ihren Fuß, indem Sie ihn in beide Hände nehmen und drükken, als ob Sie jemandem die Hand geben würden. Wandern Sie so Stück für Stück von der Fußspitze bis zum Knöchel. Lassen Sie auch die Ferse nicht aus. Experimentieren Sie ruhig ein bißchen mit der Druckstärke und den Zonen, die Sie so mit Ihren Händen massieren. Lassen Sie sich von Ihren eigenen Bedürfnissen lenken.

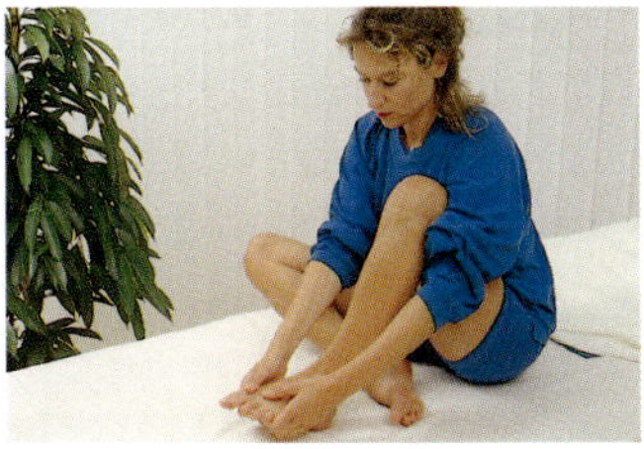
Jeden Zeh mit dem Pinzettengriff drücken und ziehen

Massieren Sie anschließend noch die einzelnen Zehen. Drücken und ziehen Sie sanft und vorsichtig jeden einzelnen Zeh mit dem Pinzettengriff.

Zum Abschluß das Fußgewölbe pressen

Drücken Sie nun noch einige Male sanft das Fußgewölbe mit beiden Händen, und streichen Sie abschließend den Fuß aus. Massieren Sie den anderen Fuß auf die gleiche Weise.

Leitfaden Selbstmassage
- Streichungen mit beiden Händen
- Fuß pressen
- Zehen massieren
- Fußgewölbe pressen
- Streichungen mit beiden Händen
- Fuß wechseln

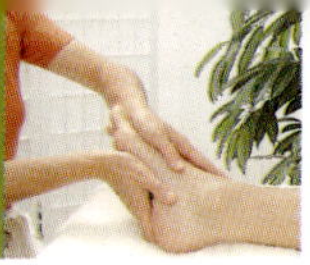

Leitfaden für die Fußreflexzonen-massage

Hinweis:
Diese systematische Auflistung aller in diesem Buch besprochenen Zonen und der dazugehörigen Massagetechniken soll Ihnen einen schnellen Überblick über den Ablauf der Massage gewährleisten. Lassen Sie sich dadurch aber nicht verführen, bei Beschwerden nur eine einzelne Zone zu „behandeln“. Die hier beschriebene Massage ist als eine Einheit zu sehen, die dem Körper als Ganzem wohltuend und vorsorgend gesundheitlichen Nutzen bringen soll. Manifeste Beschwerden und Leiden gehören in die Hände eines Arztes oder einer Ärztin.

Massage der wichtigsten Fußreflexzonen

Nr.	Reflexzonen	Foto	Grifftechnik	Seite
1	**Einstimmung**			**35**
		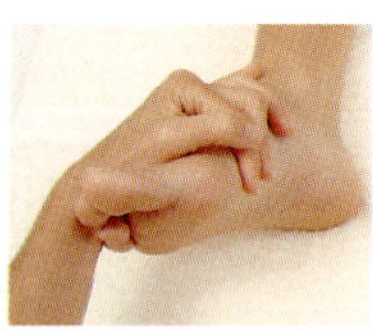	• Hände auflegen	
		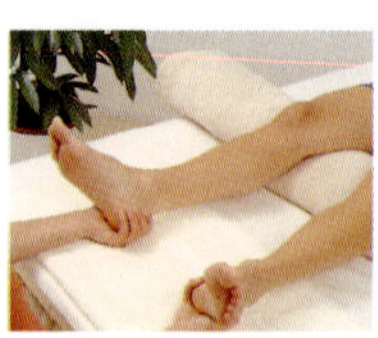	• Sandwich-Streichungen • Fersen halten	

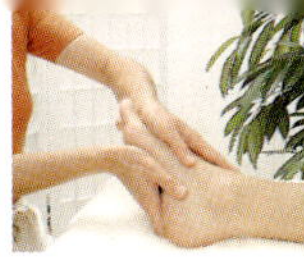

Nr.	Reflexzonen	Foto	Grifftechnik	Seite
2	**Kopf**			**36**
	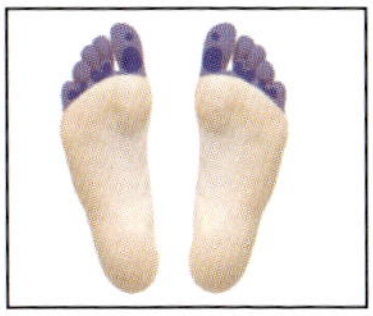	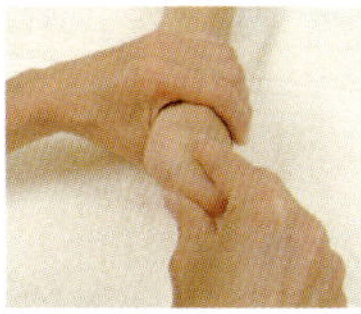	• Ausstreichen mit Pinzettengriff	
	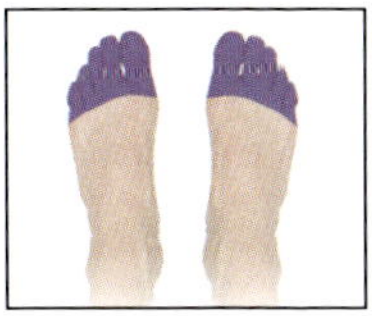	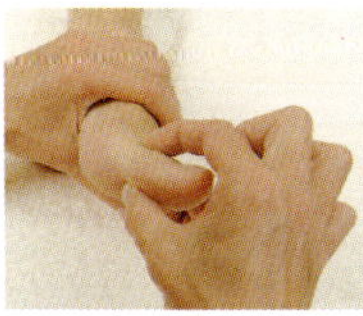	• Drücken und Ziehen	
	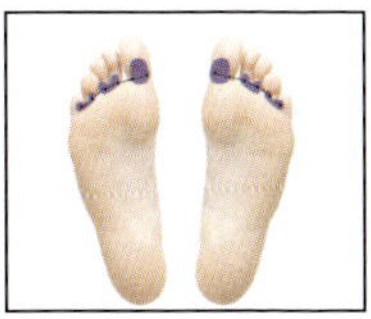	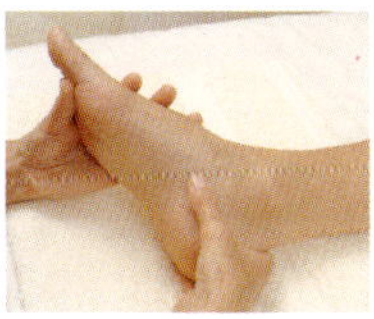	• Daumengang (Zonen Augen, Ohren, Nacken)	
3	**Obere Lymphwege**			**39**
	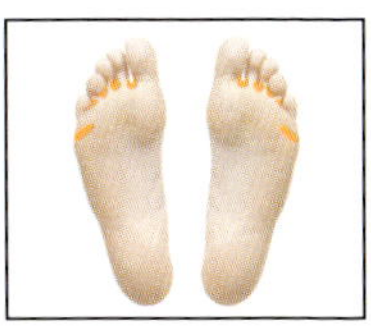	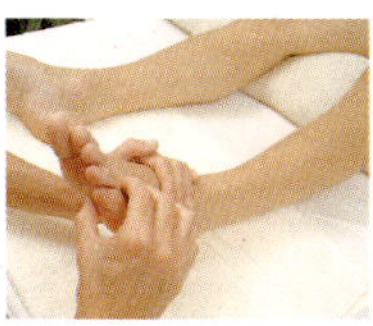	• Daumengang (Zone Achsellymphknoten)	
		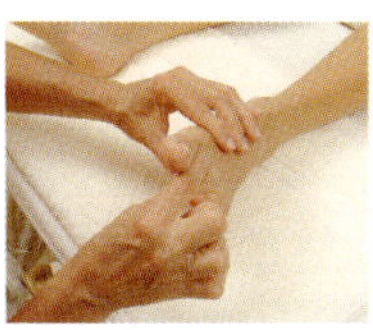	• Ausstreichen mit Pinzettengriff (Zonen Lymphwege Kopfbereich)	

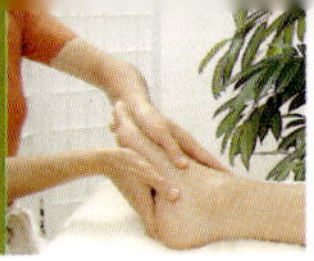

Nr.	Reflexzonen	Foto	Grifftechnik	Seite
4	**Schulter und Oberarm**			**41**
	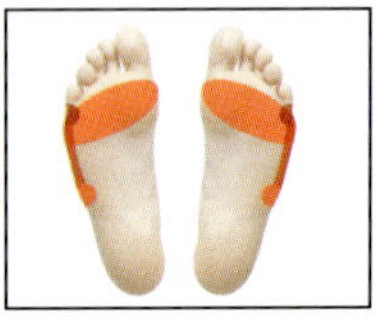	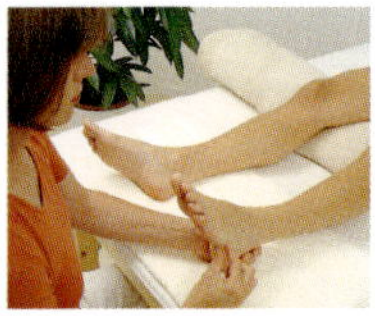	• Pinzettengriff Punkt für Punkt (Schultergelenk- und Oberarmzone)	
	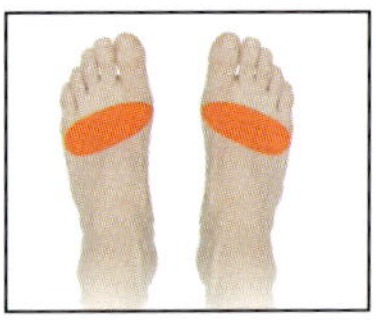	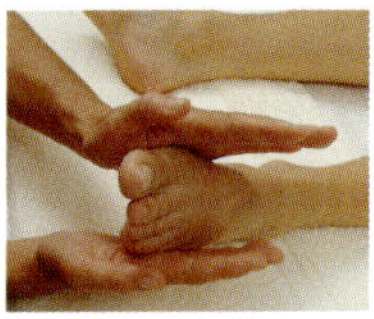	• Den Vorfuß zwischen den Händen rütteln	
	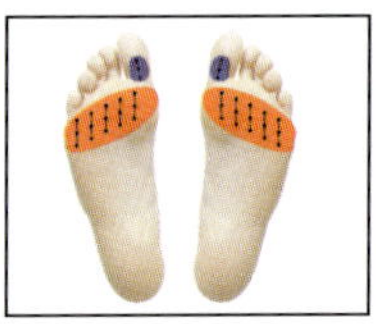	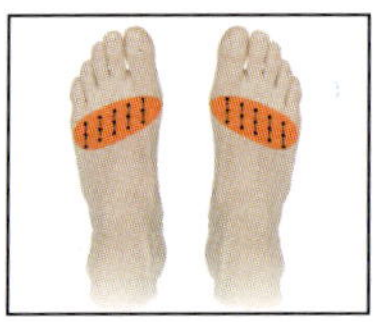	• Daumengang (Schultergürtel-, Nackenzone Fußsohle) • Zeigefingergang (Schultergürtelzone Fußrücken)	
5	**Verdauungsorgane**			**43**
	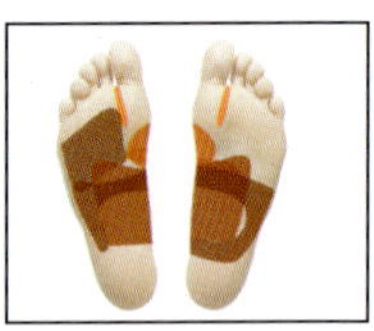	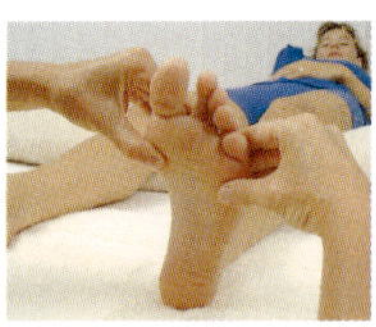	• Quer- und Längsstreichungen mit den Daumen	
	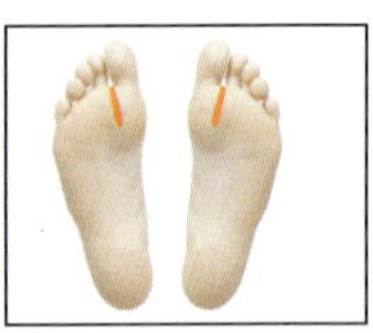	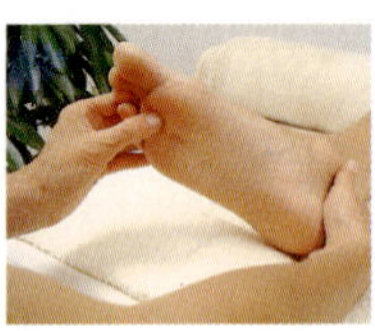	• Daumengang (Speiseröhrenzone)	

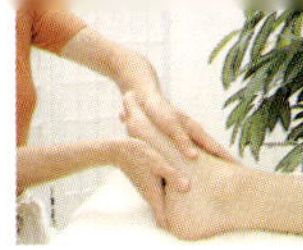

Nr.	Reflexzonen	Foto	Grifftechnik	Seite
	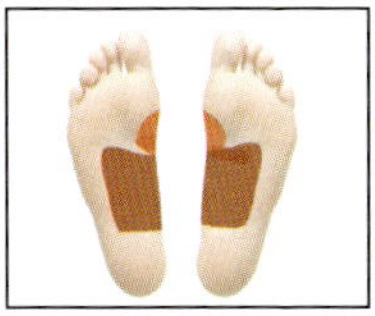	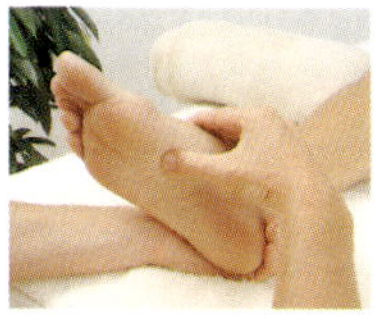	• Daumengang (Zonen Magen, Bauchspeicheldrüse, Dünndarm)	
	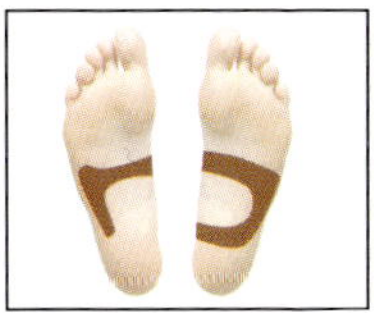	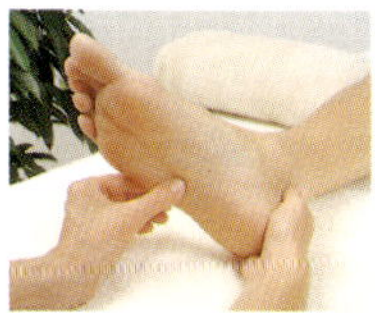	• Daumengang (Dickdarmzone)	
6	**Beckenorgane und Harnwege**			**47**
	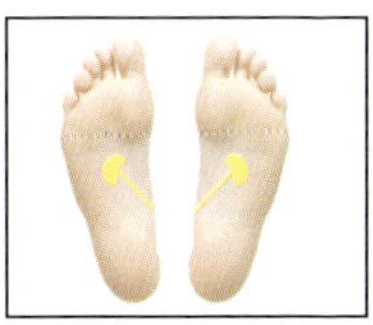	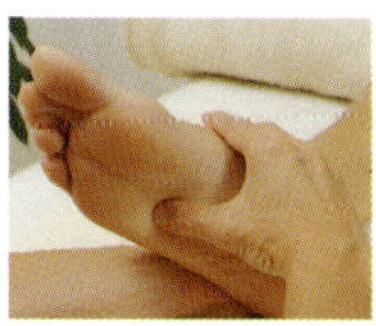	• konstanter Daumendruck (Nierenzone) • Ausstreichen mit dem Daumen (Harnleiterzone)	
	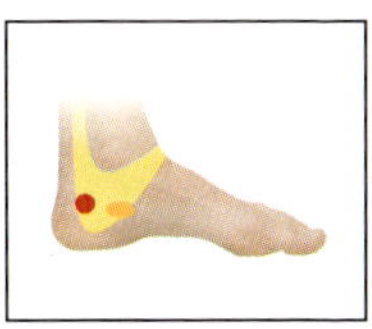	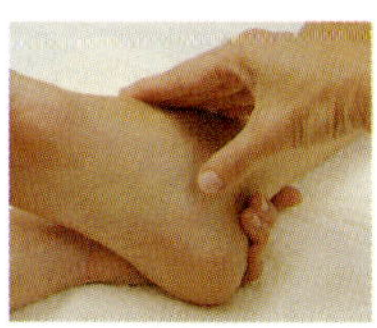	• konstanter Daumendruck (Blasenzone, Zone Geschlechtsorgane) • Zeigefingergang (Zone Lymphwege)	
	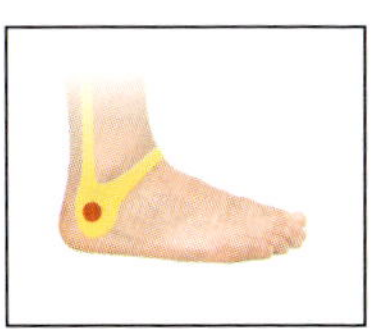	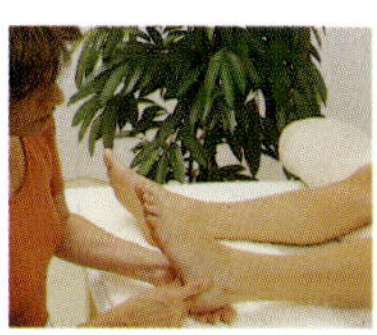	• Zeigefingergang (Zone Lymphwege) • konstanter Daumendruck (Zone Geschlechtsorgane)	

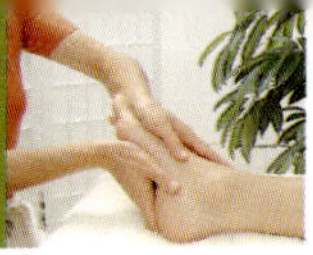

Nr.	Reflexzonen	Foto	Grifftechnik	Seite
7	**Solarplexus und Brustorgane**			**50**
	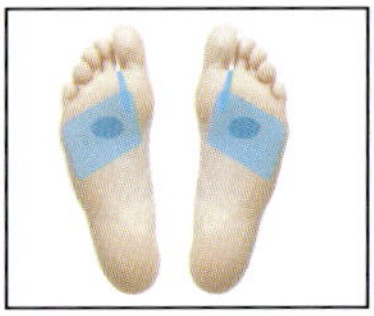	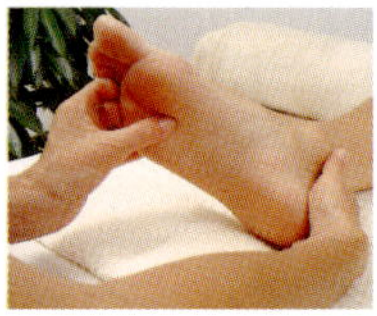	• Daumengang (Zonen Atmungsorgane Fußsohle) • konstanter Daumendruck (Zone Solarplexus)	
	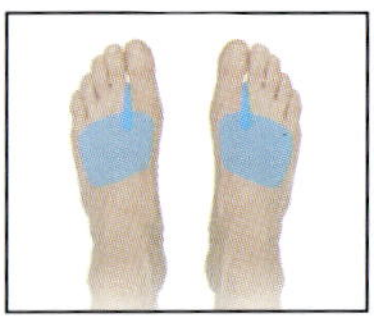	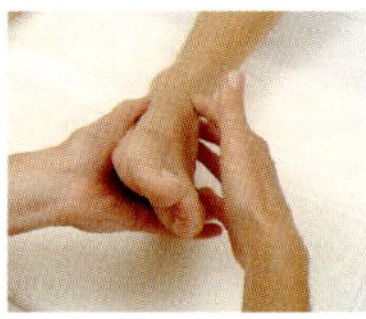	• Fingerstreichungen (Lungenzone Fußrücken)	
8	**Wirbelsäule**			**52**
	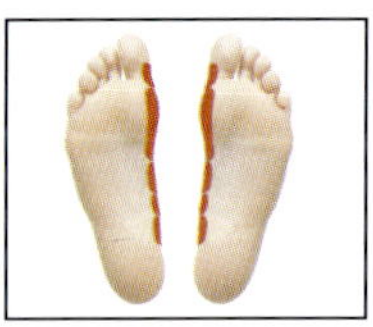	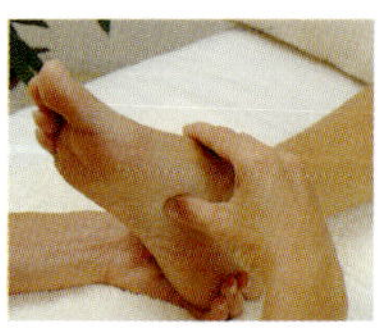	• Daumengang	

Vitalisierende Massage

Nr.	Foto	Grifftechnik	Seite
1	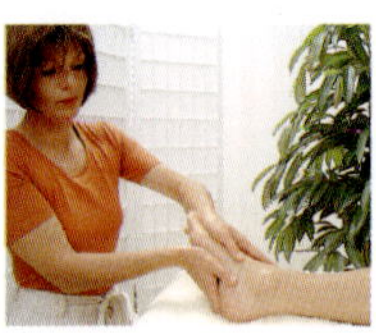	• Sandwich-Streichungen	55

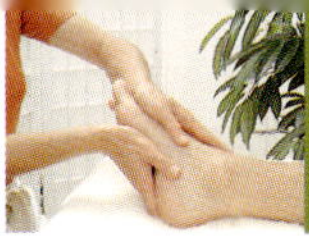

Nr.	Foto	Grifftechnik	Seite
2	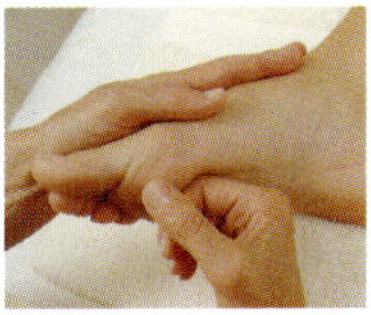	• Mit den Fingerknöcheln die Fußsohle reiben	55
3	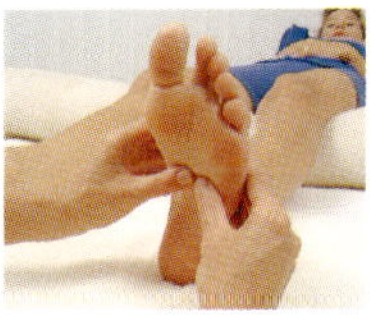	• Querstreichungen mit dem Daumen	56
4	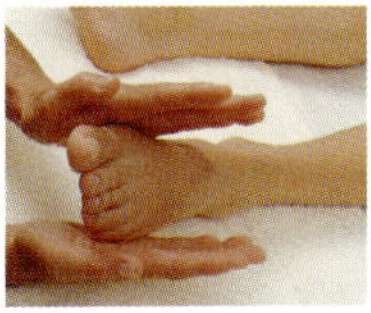	• Den Vorfuß zwischen den Händen rütteln	56
5	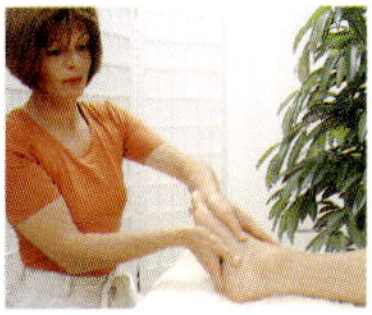	• Sandwich-Streichungen	56
6	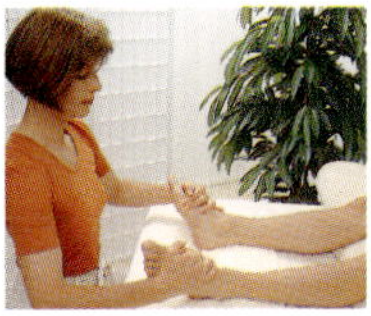	• Hände auflegen	56

Massage bei Nervosität

1	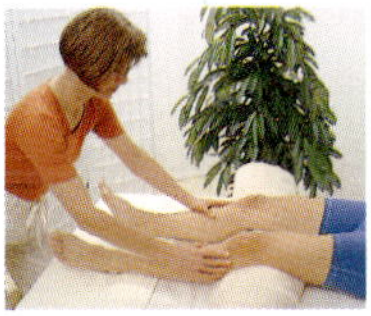	• Beide Beine aus-streichen	57

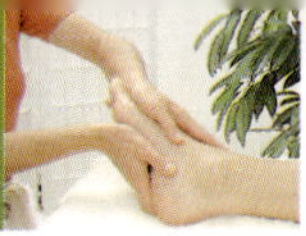

Nr.	Foto	Grifftechnik	Seite
2	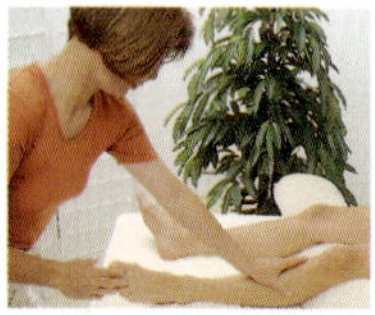	• Beine einzeln Hand über Hand ausstreichen	57
3	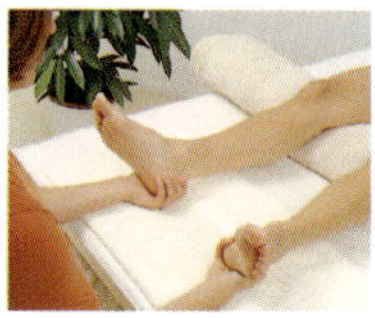	• Fersen halten	58

Selbstmassage

Nr.	Foto	Grifftechnik	Seite
1		• Ausstreichungen	58
2		• Fuß pressen	58
3		• Zehen drücken und ziehen	59
4		• Fußgewölbe pressen	59

Bücher zum Thema

Ingham, Eunice D.: Geschichten, die die Füße erzählen. Hammelburg, 1996.
Kunz, Kevin; Kunz, Barbara: Durch die Füße heilen. München, 1996.
Marquardt, Hanne: Reflexzonenarbeit am Fuß. Heidelberg, 1993.

Weitere sehBücher aus der Wellness-Reihe
Cernaj, Ingeborg: Wasser – Quelle der Gesundheit. Köln, 1998.
Cernaj, Ingeborg; Kolster, Bernard C.: Balance – streßfrei und entspannt in Minuten. Köln, 1998.
Kolster, Bernard C.: Partnermassage. Köln, 1998.
Kolster, Bernard C.: Shiatsu. Köln, 1998.
Kolster, Bernard C.; Frank, Astrid: Gutes für jeden Rücken. Köln, 1998.

Über den Autor:

Dr. med. Bernard C. Kolster ist Arzt und Physiotherapeut. Er beschäftigt sich seit vielen Jahren mit den Themen physikalische Medizin, Rehabilitationsverfahren nach schweren Erkrankungen und Operationen, östliche Medizin und Naturheilverfahren. In den letzten Jahren hat Dr. Kolster mehrere Bücher und Filme in diesen Bereichen veröffentlicht, die sich sowohl an Fachpersonen als auch an interessierte Laien richten.

Sachregister